JN437360

은발 다 된 그대

은발 다 된 그대

초판 1쇄 인쇄 2008년 12월 5일
초판 1쇄 발행 2008년 12월 10일

지은이 | 김연혜
펴낸이 | 김태봉
펴낸곳 | 도서출판 띠앗
등 록 | 제4-414호

편 집 | 김주영, 김미란, 박창서, 유종무
삽 화 | 신희경
마 케 팅 | 김영길, 김명준
홍 보 | 장승윤

주소 | (우143-200) 서울시 광진구 구의동 243-22
전화 | (02)454-0492
팩스 | (02)454-0493
이메일 ddiat@ddiat.co.kr
홈페이지 www.ddiat.co.kr

값 8,000원
ISBN 978-89-5854-060-1 (03810)

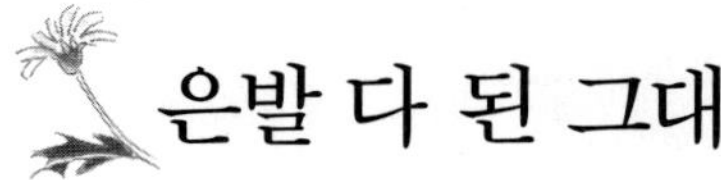

은발 다 된 그대

김연혜 감성에세이

도서출판 띠앗

❦ 앞글
— 평생 애창하는 노래로 앞글을 대신한다

은발
(Silvers Threads Among the Gold)

— 미국 민요

젊은 날의 추억들은 한갓 헛된 꿈이랴
윤기 흐르던 머리 이제 자취 없어라
오 내 사랑하는 님 내 님, 그대 사랑 변찮아
지난날을 더듬어 은발 내게 남으리

은발 다 된 그날에 그대 앞에 말없이
고운 장미 꺾어서 깊은 축복 드리리
오 내 사랑하는 님 내 님, 그대 사랑 변찮아
보금자리 꾸민 날 깊은 안식 있으리

……

짧지 않은 세월을 살아오면서 남들처럼 좋은 집, 재테크, 보석 등등 알짜배기를 모은다거나 하는 일에는 도통 재간이 없었고, 항상 연필을 들고 끼적거리는 일은 아주 잘했다. 그걸로 그냥 끝나면 좋으련만 인간에겐 어떤 형태로든 자기현시욕이 있나 보다.

이것으로 벌써 세 번째 책이 출판되었다. 과히 책의 홍수라고들 하나 그래도 나는 내 책을 귀중하게 생각한다.

이제 은발이 다 되고 보니 그 흔하다는 호(号) 하나 짓고 싶어 기우(杞憂)라고 붙였다. '걱정도 팔자 병'이라고 나를 밉지 않게 놀리는 친우들이 들으면 "맞다, 호 잘 지었다!"라고 할 것 같다.

열아홉 살 때 〈여상(女像)〉이라는 잡지에 단편이 입선하여서 고(故) 유주현 선생님을 뵐 기회도 있었고, 이 나이에 그 작품을 썼느냐는 놀라움으로 간접 칭찬도 받은 적이 있었다. 그러나 작가에게 꼭 필요한 지독한 지구력, 그것이 태부족인 본태적 게으름으로 나의 문학의 길은 이렇게 사적(私的)으로 끝나게 되었다. 그때 나의 작품을 뽑아 주신 분들 중 최정희 선생님이 계셨던 것을 지금도 가문의 영광으로 생각한다.

이제 나는 은발이 다 되어 가고 추억은 넘쳐나 마음속에 폭풍 잘 날이 없어 파도가 제 사랑을 못 잊어 부딪쳐 쓰러지는 것처럼 내 마음속의 짧은 편린들을 풀어 쓰러지고 싶다.

돋보기 쓰시고 심심할 때 쉬엄쉬엄 보시면 쏠쏠한 재미가 있으실 거라 믿는다.

이 글은 나의 인터넷 블로그 '위즈덤 투스(사랑니)'에 쉬엄쉬엄 올린 글과 멀리 있는 딸과의 교신을 위해 만든 싸이월드의 다이어리와 게시판에 있는 글을 옮긴 것이다. 즐겨 읽으시고 댓글을 달아주신 분들에게 감사와 사랑을 보낸다.

김연혜

삽화를 그리며

연혜야!
널 생각하면 울고 싶도록 멋진 석양이 연상되더라.
불면증에 시달렸다고 해도 화려함과 열정이 있고,
넘치는 끼와 매력적인 분위기
아직도 조용히 끓고 있는…
넌, 황홀한 색깔의 예쁜 놀이야!

— 희경

❦ 목차

2장. 아름다운 기억

3장. 누군들 첫사랑이 없겠느냐만...

〈소설〉

4장. 눈 내리는 숲

1장
블로그 Wisdom tooth

지금 생각하면 고마운 일들이 많았던 곳
꽃들이 흐드러지게 피었던 교정
거칠고 순수한 아이들…

서울의 토말(土末), 상계동 교정(校定)에서

✿상계동에선 머리에 꽃을 꽂으세요

상계동은 서울로 보면 서울의 토말(土末)이다.

지금 생각하면 고마운 일들이 많았던 곳, 꽃들이 흐드러지게 피었던 교정, 거칠고 순수한 아이들, 진심으로 나를 사랑해 준 동료들과 제자들이 있었던 곳이다.

어젯밤 감고 자서 대책 없이 헝클어진 머리를 출근 시간에 쫓겨 대충 정리하고 나오면서 손에 잡히는 대로 하와이에서 산 커다란 빨간색 꽃핀을 가방에 담아왔다. 깔끔한 동료가 참지 못하고 손가락으로 머리를 대충 정리하고 꽃핀으로 묶어 주었다.

"괜찮을까?"

"언제 선생님이 안 괜찮다고 안 하신 적 있으세요? 그렇게 하구

서 보무도 당당히 다니시면서….”

사실 주먹만 한 빨간 꽃을 머리에 꽂고 다니는 교사는 없다고 본다. 그러나 일단 몸에 걸치거나 꽂거나 했을 때면 얼굴에 철판을 딱 깔고 정정당당하게 봐라, 봐 하고 등을 쭉 펴고 다니는 게 내 스타일이다.

그러나 아이들의 반응에는 좀 신경이 쓰인다. 자칫하면 수업이 망쳐진다.

1학년 수업시간에는 아이들이 내가 무서워 ‘ㄲ’ 발음도 못했는데 2학년들은 역시 얼마간 적당히 닳아빠졌다.

“선생님, 머리에 꽃 달았네요. 북한 여자 같애요어”로 그네들이 작업에 들어가려는 찰라, 한번 휘둘리면 그 시간 수업은 ‘종 친다’라는 상황을 익히 아는 나는 첫마디에 일격을 날려 그들의 전의를 꺾어버렸다.

“엉? 뭐라고? 꼬추? 꼬추를 달았다고?”

“아하하하하!”

성(性)적으로 아직은 얼마간 수치심과 부끄러움을 지니고 있는 그들은 제풀에 얼굴이 발개지며 아이구, 맙소사 하는 얼굴로 전의를 상실해버린다.

자, 2승(勝)째다. 오후 수업에서 또 이겨야지!

사실 어느 동네 어느 문학 작품 등에는 반드시 머리에 꽃을 꽂고 행복해 하는 모질이들이 있고 또 등장한다.

나도 이 숲이 우거지고 향기가 진동하는 오지(奧地)에서 시시때때로 머리에 꽃을 꽂고 싶다. 꽃이 지천이고 그 꽃들은 너무나 어여쁘기 때문이다.

"상계동에선 머리에 꽃을 꽂으세요."

●●●

❧엄마아----- 미쳤수? (딸)
❧얘야, 미칠 수 있다면 얼마나 좋겠니? (나)

〈인간의 얼굴을 한 야만〉을 쓴 유명한 프랑스 철학자 베르나르 앙리 레비의 딸 쥐스틴 레비의 〈만남〉이라는 소설에 나오는 대사이다. 딸이 내게 '엄마 미쳤수?' 하고 댓글을 달기에 나는 쥐스틴 레비의 대사를 인용해 댓글에 댓글을 달았다. 미치는 일은 정말 어렵다.

그런데 그 소설 이후 쥐스틴의 소설은 더 이상 찾을 수가 없었다. 아마도 미모와 가문이 너무 뛰어나 소설 따위를 쓸 이유가 없어졌는지도 모르겠다. 그저 속물로 살아가겠지….

| 첨부 |

쥐스틴 레비에 대해서 정보를 좀 더 찾아보았더니 희한하게도 지금 프랑스 좌파 대통령과도 연관이 되어 있었다.

사르코지 대통령이 그의 아내와 이혼하고 두 달도 안 돼 퍼스트레이디로 맞이한 가수 겸 모델로 이름을 날리는 40세의 바람둥이 여자 카를라 브루니가 레비의 남편을 뺏어 갔다고 한다. 그 남편도 이름 있는 철학교수인데 원래는 자기 아버지의 애인이었던(아구, 복잡해라) 브루니하고 눈이 맞은 거다.

이건 진짜 〈데미지〉라는 영화하고 똑같다. 단 아들이 아버지 애인을 가로채는 것만 다르지…. 망할 넘의 집안 내력이로다. 아무리 프랑스가 좀 성(性)에 대해 개방적이라지만 이건 좀 찝찝하다.

영화 〈데미지〉에서 나는 그렇게 좋아하던 배우 제레미 아이언스를 과감하게 버렸다. 왜 그는 왜곡된 성문화를 묘사하는 그런 역할을 맡게 되는 것일까? 〈로리타〉에서도 그렇고….

어쨌든 쥐스틴 레비는 남편을 빼앗기고 그녀의 연적 카를라 브루니를 향하여 '아름다우나 살인자의 얼굴을 가졌다'라고 일갈했고, 그 경험을 〈아무것도 아냐〉라는 소설로 써서 그것도 크게 히트했다고 하는 후일담이다. 정확한 건지는 오차범위 내 ±5쯤 된다고 본다.

✿자유게시판

금요일은 수업이 적어 시간이 널널하다. 시간표에 빈칸이 많아 싸이놀이나 할까… 그렇게 되는 것이다.

싸이질이라는 말이 유행이라지만 그건 좀 즐(인터넷상으로 아이들이 싫고 지겹다는 뜻으로 쓰는 말)해서 싸이놀이라고들 쓰면 어떨지…. 혹은 블록인생이라든지….

한참 아날로그 시대에서 살아온 내가 이런 애들 같은 홈피를 가지고 있는 것은 멀리 있는 딸과, 가까이 있으나 말문을 잘 트지 않는 아들에게 소식을 전하기 위해서였다. 그런데 이리저리 친구들과도 연락이 되고 또 세상 한구석에 내 조그만 방이 있다는 것도 기분 나쁘지 않은 일이어서 요것조것 올리고 쓰고 하다 보니 나는 작은 블록 안에다 내 인생을 차곡차곡 채워 넣고 있었다.

옆방에서는 상담부장이 문제아이들 4명을 훈계하고 있었는데 그렇게 간절한 훈계에도 불구하고 상담을 마치고 나오는 아이들은 회개와 반성의 기미는 눈곱만치도 없고, 시시덕거리며 방을 나서자마자 욕설이 반이나 되는 대화를 나누는 것을 보면 인간의 천성은 못 고친다로 결론이 난다.

얼마나 세태가 변했는지…. 모두들 남의 탓만 하고 있으니 한심하다. 학교와 교사를 매도하면 다 좋아지는 것일까? NO! 아니다. 하긴, 교권이 실추되었으니 교사들이 기를 펴지 못하는 건 사실이다.

이즘 일부 교사들은 그야말로 심하게 말하자면 애들한테 긴다, 겨. 수업 중에 ㅆ발 하는 욕 나오는 건 그래도 약한 편이란다.

나도 어느 녀석이 'ㅆ발' 하기에 확 돌아서서 "야 너, ㅆ발넘아, 이리 나와!" 하고 똑같이 말하니까 자기도 어이가 없는지 큭큭 웃는다.

부모들은 선생이 다 해주기를 바란다마는 아니, 자기네는 아이에게 온갖 욕설과 매로 작살을 내면서(심지어는 골프채로 맞았다는 아이도 있다) 선생한테는 그러지 말고 인격적으로 잘 모시라고 걸핏하면 전화질이다.

매스컴은 연일 폭력적인 드라마를 틀어대고 또 웬 일본풍의 학교드라마는 그렇게 만들어 놓는지…. 애들이 아주 학교 복도에서 껴안고 뽀뽀까지 한다는 말씀!

골프채로 맞았다는 녀석에게 "어떤 걸로 맞았냐? 아이언이냐, 드라이버냐…. 에구, 아빠한테 회초리 하나 드릴 테니까 그거 사용하시라고 해라"라고 지나가는 말을 했더니 다음날,

"선생님, 아빠한테 말했다가 뒤지게 더 맞았어요. 선생님한테 말했다고요."

나는 그 아이의 아직은 맑고 순진한 눈을 멍하니 바라보았다.

그렇게 얻어맞고 자라다가 어느 날 고등학생이 되어 아버지보

다 물리적으로 강해졌을 때 발작적으로 아버지를 구타하다 그게 상습적으로 되어 정신병원에 입원한 소년을 보았기 때문이다.

자유롭게 써보았다. 그래서 자유게시판 아니겠는가!

•••

❧사랑의 회초리가 사망의 회초리로 변하지만 않는다면! (찌지리님)

✿순진무고(拷)·1

심화(深化)라는 과목이 제7교육과정에 포함되어서 각 과목을 좀 더 깊이 있게 다루어 여러 자료나 지도안을 가지고 일주일에 1시간씩 보충학습을 하는 시간이 생겼다. 대부분 시청각 교재가 사용된다.

나도 이번 해에는 나이 대접을 받아서 좀 수월한(?) 심화학습을 맡았다.

이즈음은 〈사운드 오브 뮤직(The Sound Of Music)〉을 시청하고 있다. 음악도 아름답거니와 세계사적 측면에서는 유럽의 정치적 변환을 가르칠 수 있고, 음악적으로는 더 말할 필요도 없이 아름다운 뮤직 드라마이다.

상편이 끝난 다음 하편을 보여주기 위해 이 영화의 배경, 오스트리아의 음악가인 모차르트와 요한 슈트라우스 등등을 설명하였다. 사족으로 그 수도 비엔나(Vienna)에는 유명한 소년 합창단이 있고 비엔나 소년 합창단은 우리나라에도 수차례 왔는데 정말 아름다운 목소리를 지닌 소년 합창단이라고 스토리를 엮어 가는데, 뒷자리에 앉아 무슨 말을 해도 흥미 없다는 그런 표정을 가진 녀석이 "쏘오세지!" 하는 것이다.

아이들이 책상을 치면서 이때다 싶은지 난리 블루스를 춘다.

두 가지 이유로 너는 두 대를 맞아야 한다고 그 녀석에게 경고했다.

첫째, 아름다운 꽃에 침 뱉는 것.

둘째, 날씬했던 내가 복합적 사연으로 체중이 불어난 난 이즈음 통통한 소시지는 개인적으로 아주 싫어해서 도둑 제 발 저렸던 점.

그러나 그것은 내 마음속의 갈등이고 그 녀석에게는 첫째, 수업방해 죄, 나는 교육공무원이니 너는 곧 공무집행방해죄. 또 하나는 심하게 건방진 태도로 공중도덕 훼손죄라고 엄포를 놓았다.

녀석 : 그게 뭔데요?

나 : 짜샤야, 알면 다쳐! 손 내놔!

따닥, 따닥!

아픈 손바닥을 비비며 그 녀석 하는 말,

"선생님, 이제 그 공 뭔가 하는 죄 없어졌죠? 네?"

웃음이 나오려고 했지만 그랬단 이 수업은 끝장이다.

그래! 참자, 참아. 저 녀석의 얼굴을 봐라. 순진하거나 멍청하거나 둘 중 하나인데 갈등이 되는 것은 그 머릿속의 저급한 순수를 '拷하느냐 마느냐'이다(여기의 '拷'는 '때릴 고'이다).

•••

❧순진한 거라고 봄다. (나그네님)

✿순진무구 · 2

수업을 하다 보면 어느 녀석이 내 눈치를 살살 보며 딴 짓을 하고 있다. 한 5분쯤 내버려 두다가 계속 그 짓이면 나는 돌연 꽥 소리를 지른다.

"얌마! 너 나와!"

그런데 내가 지적한 그 녀석 말고도 두어 녀석이 도둑놈 제 발 저린다고 부스스 일어나 나온다.

"이거엇들이…. 너 말고!"

그러면 이번엔 부스스 여기저기서 일어나는 소리가 들린다.

'도둑놈 제 발 저리다.' 기막힌 속담이다.

어느 장난꾸러기 문호가 그랬다지.

밤중에 부자들이 사는 동네 골목에 가서 '다 들통났다! 도망가라아!' 그랬더니 이튿날 아침 동네가 텅 비었더라지.

•••

❧구염네용…. (초로기님)
❧나 혼자 열강모드라는 말이죠. (나)

어린이는 빨리 자라고 젊은이는 어느새 늙는다(뜰에 뛰어노는 아이들을 보고 생각난 말). 옛 글에도 '少年以老學難成(소년은 늙기 쉬우나 학문을 이루기는 어렵다)'이라 했다.

✿순진무구 · 3

한 며칠 재수 옴 붙었다 해야 하나, 막말로…. 정말로 수업이 잘 안 된다. 아이들이 아무것에도 흥미가 없어 한다. 말꼬리를 물어가지고 장난질하려 하고 하품을 썩은 이가 다 보이게 하기도 한다.

교사로서 그래도 나의 수업을 이렇게 분탕질 당해 본 적은 없는데 이즈음 아이들이 이렇다. 그러나 그들로부터 받는 상처는 그들로 하여 치유되기도 한다.

이즈음 학교에 반장 아이 하나가 사고를 당했다.

음악시간에 교실에 가서 출석부를 가져오라는 선생님의 명을 받아 헐레벌떡 교실로 왔는데 그만 주번이 문을 잠근 거다. 혹시나 해서 창문을 하나씩 열어 보니 딱 하나가 열려 있었단다. 그 창문을 넘어 교실 안으로 들어가려다 책상 모서리에 걸려 큰 상처를 입었다. 나중에 들으니 신장 하나를 떼어 내야 하는 큰 상처였다고 한다.

다행이 그 부모가 양식 있는 분들이라 넘어 들어간 자기 아이 잘못이 크다고 오히려 사과하시며 울고불고하는 담임과 음악교사를 달래는 모습을 보고 나는 마음속으로 합장을 다 했다.

오늘 5교시 수업을 마치고 너무나 피곤한 몸을 이끌고 계단을 터벅터벅 내려오는데 3학년 아이들이 서로를 문 쪽으로 밀어붙이는 장난을 심하게 하고 있었다.

"얘들아, 너희 2학년 아이 신장 다친 거 몰라? 위험하다. 하지 말아라."

시답잖게 한마디 던지고 돌아서서 다시 계단을 내려오는데 한 녀석이 쫓아오더니 "선생님, 신장이 아니고요, 콩팥 다친 거예요우. 콩팥요우" 한다.

당당하게 정정해 주고 후딱 쫓아 올라가더라. 하하하!

•••

❧진짜 또 구염네욤. (초로기님)

| 하도 불안해서 |

미래를 생각하면 하도 불안해서 몇 가지 진리의 말씀들을 정리해 보았다.

· 사실 이 세상에 불안해하지 않는 사람이 어디 있겠는가.

· 원래 불안한 것이 인간이다. 인간은 불안할 수밖에 없는 존재다.

· 창의적인 사람들은 주위 사람들을 당혹스럽게 한다.

· 자신의 안과 밖을 탐색하다 보면 불안해진다.

그래서 어떻게 하라는 말씀들인가요? 답이 없어요. 답이!

✿ 순진무구 · 4

수업 시작 전의 소요상태를 진압하기 위해선 큰 목소리와 교탁을 탕 치는 매가 꼭 필요하다. 그런데 나이 들고, 몸이 좀 불고, 화장이 저절로 진해지면서 째려보기만 해도 꼬리를 스르르 내리는 맘 약한 학급도 있다. 서글프지만 뭐 어쩌랴!

어느 날, 하도 까불어 대길래 내가 무술을 배워서 단숨에 제압하겠다고 농담 반 진담 반으로 말하자, 한 녀석이 "선생님은요, 얼굴이 무기걸랑요. 헤헤헤!" 이런다.

"머?"

그 녀석 자리까지 가서 상의를 푹 뒤집어쓰고 방어하는 등짝을 따다다다 손바닥으로 때려주고 교탁으로 돌아오는데, 반대편에서 또 한 녀석이 "히히, 현대의학으론 못 고치죠, 네…" 이런다.

아이구, 골 땡겨. 머리꼭대기에서 계란 익는닷! 실없이 휘말린 내가 어처구니없어 거든 녀석까지 꼬집어주고 다시 돌아서는데, 맨 뒷줄에 앉은 두 녀석이 끽끽거리며 뭔가 그리고 있다. 쏜살같이 달려가서 노트를 빼앗아 보았더니 참, 애들, 아무리 그림이라지만 이건 마녀다, 마녀!

수업을 반은 작파하고 모두 책상에 엎드리게 해놓고 두 녀석의 귀가 아프도록 소리를 질렀다.

"아무리 그래도 그렇지. 어떻게 선생님을 이렇게 그리냐, 엉?"

녀석들 : (생김새도 하나는 둥글둥글 살이 찌고 눈 밑에 다크서클까지 있는 팬더같이 생겼고, 또 하나는 이건 또 눈이 그저 금만 살짝 그어놓은 것처럼 생겨서는…) 이 그림 선생님 아니에요, 훌쩍.

나 : 아니라고? 흥! 그럼 누군데?

녀석들 : 저기 우리 반 은솔인데요, 흑.

나 : 뭐? 은솔이? 아니 은솔이가 어디가 이렇게 생겼냐. 너는 눈을 감고 다니냐? (엎드린 아이들이 킥킥 웃는다. 그리고 은솔이라는 여학생이 흑흑 울기 시작한다.)

녀석들 : 정말이에요. 걔가 미워서 그랬어요.

나 : 친구 얼굴을… 이렇게 그려? 느들은 더 나빠! 학생부로 가자.

녀석들 : 아이구, 선생님. 엉엉, 그거 선생님 맞아요.

나 : 흥, 이것들이 그냥? 확! 그러면 선생님은 이렇게 그려도 좋다고 느 부모님이 그러시냐? 부모님 전화번호 내놔!

녀석들 : 아니에요오. 은솔이에요오오.

나 : 왔다 갔다? 친구를, 그것도 예쁜 여자애 얼굴을 이렇게 그리는 넘들은 나빠! 나는 그런 애들 못 가르쳐. 집에 갓! 부모님께 알려서 자퇴시켜야지이….

녀석들 : 엉엉, 선생님이에요오오….

이상!

•••

ㅋㅋㅋㅋ (나그네님)

✿방콕 앤드 하와이

이번 방학은 그야말로 일찌감치 바다에도 갔다 오고 기차여행도 하고, 하여튼 비행기 타는 일 빼놓고는 거의 다했음에도 아직 길게 남아있어 지루하다.

도우미 아주머니 오시는 날은 꼼짝없이 이 방 저 방 쫓겨 다니는 게 거북하고 불편하다. 그이는 일하고 나는 손 하나 까닥 않고 누워 있으려니 내 돈 내가 지불한다고는 하지만 미안하고 불편한 까닭은?

그러다가 일도 없이 남편과 드라이브를 아무 곳이나 작정하고 집을 나선다. 그동안에 방을 치워놓을 수 있기 때문이다.

그런데 서울을 벗어나는 초입부터 병모가지 현상으로 꽉 막힌다. 내 남편은 길 막히는 것만은 절대로 못 참는 사람. 가야 할 방향이 막히면 반대 방향으로도 가고 동서남북 하여간 길만 뚫려 있으면 빙빙 돌더라도 차를 움직이는 사람이다.

하는 수 없이 다시 집으로 돌아왔더니 아주머니 하시는 말씀,

"아유우… 바람 좀 더 쏘이시지…."

이런 이야기를 방학 중 근무일에 동료들에게 했더니 명희 선생이 외국으로 여행을 가지 그러느냐고 했다.

"나, 비행공포 심한 거 알면서 그래?"

"그러니까 하와이 가시라구요."

"장난하냐? 거긴 뱅기 안 타?"

"호호호, 부곡하와이요오."

나는 허무하게 무너진다.

그러면서 한 술 더 떠 방에 콕 처박힌다는 방콕도 간다고 그러라고.

“교수님께 여행 간다고 그러세요. 하와이로요. 오면서 방콕도 들리자고 그러세욤. 호호호.”

그것도 재밌겠다 싶어 그날 집에 돌아와 남편 곁에 붙어 앉아서 솜사탕 같은 목소리로,

“여보, 우리 하와이 갈까?”

그랬더니 남편은 입이 함박 벌어지며,

“아, 좋지. 언제 갈까. 엉? 비행기표 예약해야겠구만. 하와이 조오치.”

나 : 부곡하와이 말야.

그날 밤 나는 남편에게 쓰이 들어가는 욕을 5분 동안 들어야만 했다. 방에 콕이라는 방콕은 말도 못 꺼냈다.

•••

❧뱅기표 나 주면 대신 가께요. (금화님)
❧뱅기표만 줘봐. (희경님)

✿명퇴 생각

이즈음 명퇴 문제를 곰곰이 생각한다.

교사생활 28년.

조그만 기독교 신문사에서 인턴생활을 하다 좀 늦게 임용고사 준비를 했다. 그런 셈 치면 나는 자부심을 좀 가져도 좋으련만….

그때 뱃속에 있었던 아들아이는 축구를 차대더니 씩씩한 체육 교사가 되었다.

대학을 갓 졸업한 싱싱한 처녀아이들과 함께 시험을 치렀고 17:1 이던가 하는 무시 못할 경쟁률을 뚫고, 뭐 꼴지 비슷한 성적이나마 합격을 했다.

남보다 늦게 교사생활을 시작해서 이미 승진의 길은 단념하고 부장교사 노릇으로 28년이 되었다. 요즘 세태를 보면 이쯤에서 선생 노릇을 접는 게 옳은 결정인 것 같다. 하지만 한편으론 아이들과

정들고 나의 열정으로 버틴 교사생활을 접는 것이 아쉽기도 했다.

실컷 야단맞고도 멀리서 나를 보면 선생님 하고 불러서 인사를 하고야 마는 녀석들…. 그들을 남겨두고 나는 어디서 무엇이 되어 남아있는 나날을 보내게 될 것인가.

가지 않은 길로 한번 가 볼 수나 있겠는가. 그러기엔 너무 늦었는가? 늦었다고 생각할 때가 가장 빠르다고?

•••

❧빈말이 아니고요. 우리 반 애들이 장래희망이 김 선생님처럼 되는 거래요. 명퇴하지 마세요. (음악님)

✿우울삽화 · 1

우울증에는 우울삽화라는 말이 쓰일 때가 있다. 그런데 교사라는 직업을 가지고 있어 허구한 날 별의별 아이들과 만나다 보니 기쁨도 잠깐이고 무수한 우울삽화가 생겨난다.

수업시수가 지나치게 많고 또 전 학년, 전 학생을 가르칠 수도 없어 어느 학년 일부씩 나누어 수업을 맡는다. 그러다가 어떤 학년은 가르쳐 보지도 못하고 졸업을 시키는 일도 많다. 이러니 같은 학생, 같은 학교 안에서도 서로 사제지간이라고 하기에 너무 낯선 점도 있게 된다. 문제는 이런 낯설음을 이용한 아이들의 무례이다.

예를 들어 실내화를 신게 되어 있는 복도에서 시커먼 운동화를 더벅거리며 신고 다니는 아이들을 보고 "실내화 신어라" 하면 힐긋 쳐다보고 "누구냐?"

귀신처럼 머리를 풀어헤치고 다니기에 교칙대로 "머리를 묶어라"라고 말하면 들릴 듯 말 듯 "재수 없어!"

청소당번이라고 상담실로 우르르 몰려와서 하라는 청소는 마음 약한 두엇에게 떠밀고 즈들은 구석에 몰려서서 떠들어대는 말이,

"야, 담임 왜 그러냐? 미쳤나봐!"

책상에 처박혀 앉아있던 나는 가만히 둘 수 없어 몇 마디 교훈 끝에 사랑의 회초리로 손바닥을 두 대씩 때려준다. 그러면서도 한심하게 예상되는 광경은 아마도 집으로 돌아가다 그들은 이렇게 말하리라.

"아, 재수 없어. 저 선생 누구냐? 미쳤나봐!"

•••

❧정말요?

어마, 우리나라 망할래나봐욤. (학부형님)

✿우울삽화 · 2

인간관계의 실타래가 엉키면서 몸도 아프기 시작했다. 몸살 정도는 이삼 일이면 나았었는데…. 그리고 드디어 이거 죽으려고 이러는가라는 내 인생의 빼놓을 수 없는 명제가 등장할 만큼 아프다.

이럴 땐 어쩌면 좋을지 아무하고도 말하고 싶지 않다. 스스로만 문제성격이라고 자탄할 뿐.

남편은 그런 날일수록 바쁘다. 폼 나게 입고 K대학원 면접을 심사해 주러 갔다. 모든 것이 나만 빼놓고 자기들끼리 어깨동무하고 마구 가버리는 것 같은 느낌이 들면 그거 우울증 맞다.

●●●

❧그러면 왕따병인가요? (기러기님)
❧왕따증도 우울삽화 중 하나라고 보는데요. 명랑한 왕따 없잖아요? (재키)
❧자기가 왕따 당하는 줄도 모르고 명랑 활발한 경우는 없을까요? (기러기님)
❧글쎄요. 그건 아마도 주제파악결핍증(?) 아닐까요? (재키)

✿은발

옆 자리의 동료가 의자에서 일어나며 기지개를 켜다가 갑자기 "오머나, 선생님 머리 꼭대기에 흰머리가 났네요" 했다.

내 나이면 흰머리야 당연하지만 어쩐 일인지 다른 쪽 머리들은 아직 흰머리가 없고 머리 꼭대기에 수북이 감추어져 있다. 자기

머리 꼭대기는 볼 일이 별로 없어서 나도 몰랐던 사실이다.

그러나 어느 날 파마하러 미용실에 갔다가 미용사가,

"어머, 선생님. 염색하셔야겠어요."

"머리? 아직은 괜찮은데?"

"머리 꼭대기가 하얘요."

그래서 나도 내 머리 위에 서리가 내렸다는 사실을 알게 되었다. 하기사 꼭대기에 울화가 치민 적이 한두 번이 아니니 머리꼭대기 쪽으로 열이 몰려 후지(浮莎)산처럼 꼭대기만 허얘졌는지도 모른다.

누구나 인생의 쇠락을 흰머리가 나는 시점에서 다시 생각해 보게 될 것이다. 빨리 늙고 싶다는 생각도 해본 적이 있고, 곱게 늙어 자그마한 뜰이 있는 한옥에서 반질반질하게 쪽마루를 닦으며 오는 주말에 오겠다는 자식들과 손주들을 기다리며 나팔꽃이 금관악기처럼 빰빠라라랄랄 하고 한 곡조 뽑는 듯한 모습을 노곤히 바라보고도 싶었다. 그러다가 내가 숨을 거두는 줄도 모른 채 스르르 하늘나라로 가고 싶다는 야무진 꿈을 꾸기도 했다.

그러나 현실은 그렇지 않다. 주로 서글프다.

예배시간에 결석한 오르간 반주자의 일을 대신해 주다가 돋보기가 흘러내려 시야가 흔들려 삑사리가 나고, 오르간 페달의 위치도 헷갈린다. 찬송가를 잘못 찾아두어 엉뚱한 곡을 전주로 치기도 하고, 멍하니 앉았다가 아멘송을 놓치기도 했다.

전철에서 누군가 자리를 양보해 주면 그때가 바로 노인이 되는 때라고들 한다. 전철을 자주 타지도 않지만 아직 양보 받아 본 적이 없으니 실감나지 않는 속설이고, 어찌되었든 흰머리는 노인이라는 숨기지 못하는 징후이다.

은발은 면류관이라고…. 그런 점도 있겠으나 그런 미사여구보다 노인을 이해해 보려는 노력이 많이 필요한 것이 아닐까.

아이러니한 것은 60대 노인은 70대 노인들이 하는 행동을 보고 "아유, 저 노인네들!" 하고 혀를 차고, 70대 노인네는 80대 보고 "그 집 시어마니 아직 안 죽었어? 에그, 젊은 것들 고상시키지 말고 빨리 죽어야 되어" 한다는 것이다.

그들은 요즘 중늙은이들 사이에 회자되는 웃지 못할 개그도 모르고 있다.

40대는 지식의 평준화요

50대는 학력의 평준화이며

60대는 자식의 평준화(자식 잘 둔 X이나 못난 자식 둔 X이나)

70대는 남편의 평준화

80대는 재산의 평준화

90대는 수명의 평준화란다(이 중 90대가 웃긴다. 집에 누워 있으나 산에 누워 있으나).

어찌되었든 은발은 쇠락이며 항복이며 서둘러 돌아가야 할 어스름 길이다. 더 어두워지기 전에 정신 차리지 않으면 안 된다. 등불이라도 하나 준비하면 어떨까. 잠들기 전에 가야 할 길이 있다지 않은가.

•••

❧선생님은 아직 새치예요. (앤들리스 아부님)

❧은발 다 된 그날에 그대 앞에 말없이 고운 장미 꺾어서 깊은 축복드리리. (지피지기님)

은발 다 된 그대

✿장미꽃 인생

장미꽃 봉우리가 봉긋한 소녀기라면 마악 이파리를 펼치는 장미는 청춘이요, 만개하려는 장미는 30대로 보인다. 그러면 장미는 이제 그만 아름다운가?

만개해서 거의 꽃잎이 늘어져 이파리가 멍든 장미도 40대로 본다면 아직 아름답소. 그리고 장미는 이윽고 이파리를 뚝뚝 떨어뜨리지만 곧장 쓰레기통에 던지는 무정한 짓거리는 하지 마오. 꽃묶음을 거꾸로 뒤집어서 예쁜 리본으로 꽃대를 묶어 햇볕 안 드는 서재 구석에 매달아 두면 어느 눈 내리는 날 문득 한 잔의 커피를 들다가 아픈 자줏빛으로 곱게 말린 목마른 장미다발을 볼 것이오.

그대가 노년을 견딜 수 있는 것처럼 메마른 장미도 아직 아름답다오.

✿봄날은 간다

이 늦가을에 봄 타령을 하는 것은 지난봄이 너무 아름다워서 삭막한 11월에 지나가 버린 봄을 그리워함이다.

벚꽃잎이 바람에 화사사 떨어져 내려 내 자동차의 보닛을 뒤덮고 거기에다 비까지 살짝 내려, 자동차를 몰고 가면 뒤로 살살 날아가는 꽃이파리에 가슴이, 가스음이 쓰라리기도 하고 미어지는 것 같기도 했다.

아아, 산다는 것이 이렇게 죽고 싶을 만큼 아름다운 것이더냐!

그렇게 봄날은 빨리 가버렸다.

몇 가지 사소한 고통을 겪고 있었던 며칠, 목이 꽉 잠기고 기분도 몸도 영 아닌데 느닷없이 백설희가 부른 '봄날은 간다'라는 해묵은 노래가 부르고 싶은 거다. 늙어 가면서 이상한 증후군들이 내 뒤를 바짝 따라온다.

그런데 목이 쉬었으니 부를 수가 있어야지. 마침 그 노래가 18번이라는 송 부장 보고 한번 불러 달라고 그랬더니 그녀가 플레어스커트를 찰랑대며 "연부운홍 치마아가 봄바아람에 휘나알리이더라아~" 나긋나긋 부르기 시작했다.

'꽃이 피며~~ㄴ언'에서 나는 눈물이 찔끔했고 옆에 써니 선생은 전기스위치를 껐다, 켰다 하면서 나이트클럽을 만들어 주었다. 노래를 끝낸 그녀를 내가 허-그(미국인들의 시도 때도 없는 포옹)하고 있는데 출입문이 쭈욱 열리며 교감이 들어서다 "어거거? 이거 먼 홍당무여?" 한다.

"오하하하!" 모두가 유쾌하게 웃었다.

나의 시도 때도 없는 감상적 시추에이션은 항상 요정도로 끝나면 좋겠다.

•••

❧꽃이 피면 같이 웃고…. (금화님)
❧꽃이 지면 같이 울던…. (써니님)
❧(다같이) 알뜰한 당신 보옴 나알으은 가아안다. (재키)

〈**찻집**(The Tea Shop)〉

— 에즈라 파운드

The girl in the tea shop
Is not so beautiful as she was
The August has worn against her
She does not get up the stairs eagerly
Yes, she also will turn middle-aged
The glow of youth that she spread about us
As she brought us our muffins
Will be spread about us no longer
She also will turn middle-aged

찻집의 저 아가씨
예전처럼 그리 예쁘지 않네
그녀에게도 8월이 지나갔네.
층계도 전처럼 힘차게 오르지 않고
그래, 그녀도 중년이 될 테지
우리에게 머핀을 가져다 줄 때
주변에 풍겼던 그 젊음의 빛도
이젠 풍겨줄 수 없을 거야.
그녀도 중년이 될 테니.

•••

❧문제는 그렇게 되기 전엔 아무도 믿지 않는다는 거죠. 네. (x일님)

〈그렇게 되기 전에 믿지 못해〉

10대가 화장을 하면 치장이 되고
20대가 화장을 하면 진짜 화장이 되고
30대가 화장을 하면 분장이 된다네요.
그러면 40대는(이 부분에서 긴장이 된다)
변장이래요.
50대가 화장을 하면 위장(僞裝)이 되고(헉!)
이왕 갔으니 60대가 화장을 하면…
포장입니다.
간 김에 팍 가서 70대가 화장을 하면
환장한대요(환장하겠네 정말).
그러면 좀 더 쓴 김에 80대가 화장을 하면(슬퍼요)
끝장이래요.

문제는 이 컬트성 유머를 노인이 쓴 게 아니고 펄펄 나는 젊은 것들이 썼을 거란 말이다. 너도 늙어봐라. 너는 안 늙나? 너는 안 늙는 종자가?

아무리 이렇게 해도 복수는 안 되는 것이 나도 젊었을 때 40대 성가대원 아줌마들은 왜, 왜, 왜, 저렇게 심한 바이브레이션을 넣어 노래를 하나. 뭐 하러 맨날 성가대 서나? 늙었으면 그만두지… 라고 생각했던 때문이다.

•••

❧저도 이것 보고 심히 분했습다. (지피지기님)
❧까불고 있어욤. (오리 날다님)
❧환장하고 있어요. ㅋㅋㅋ (세계사 선생님)

✿세월아!

세월아, 너 어찌 그리 급히 가나뇨?
나 모르는 사이 니 마음이 변했더냐?
나의 젊은 날을 애도하고 그리움에 시달리고
이름 없는 낯선 항구에서 이리저리 방황하며
한없이 길고 고통스러운 아름다움에 사무치게 하더니
오늘 보니 반백이네

세월아, 니가 나를 사랑하거든
걸음을 조금만 늦추어다오
내가 그것들을 잊어버릴 때까지,

그것이 무엇인지 깜박깜박
정신을 놓아버릴 때까지…

오늘도 나는 걷고
너는 날아가고.
그리고 유행가 가사처럼
나름대로 멋을 부린 마담이 있는
물만 출렁거리는 항구의 다방에서
트럼펫 소리를 들으려 한다
그러니 세월아,
나 떠나기 전에
내 팔을 끼고 천천히 가다오
가다가다 싱거우면 둘이서 탱고나 추려느냐?

✿황달

아침에 혼자 잠에서 깨어 시계를 보니 8시가 되어 간다. 바쁜 마음에 목욕탕으로 들어가 세수하려고 잠깐 거울을 보니 목욕탕 안과 내 몸이 전부 샛노란 것이다.

앗! 하고 놀랐지만 아무도 물을 사람이 없어 혼자 눈꺼풀까지 뒤집어보며 '이거 왜 이러는 거시야? 간에 이상이 있나? 노랗다.

다 노랗다. 황달이다!'까지 결론을 내렸다.

찔리는 구석이 있긴 했다.

아들도 학생들을 데리고 수련회 가고 남편은 동유럽으로 출장을 갔다. 5일간 나 혼자 집을 지키고 있으면서 신경안정제를 꼴딱꼴딱 삼키고 청심환까지 씹어 먹었으니 간에 무리가 가는 건 당연하다고 생각되었다. 그리하여 간이 급성으로 나빠져 황달이 왔구나….

눈물까지 똑 볼을 타고 흘러내렸다. 나는 건강염려증 환자이다.

그렇다고 학교에 출근을 안 할 수 없다. 스스로를 가련하게 생각하면서 울먹이며 자동차 운전을 하며 가는 길 위에 낙엽이 우수수 떨어져 있다.

다행이도 1교시가 비어 있어 두 손을 모으고 묵상기도를 드렸다. 나 혼자만의 기복을 위해 기도하기도 염치가 없어 먼저 스탠퍼드대학교에서 공부하고 있는 딸을 위해 기도했다.

죽자고 공부해도 자기 나라 말로 공부하는 사람들과 경쟁한다는 것이 너무 어렵다고, 인정하기 싫은 패배도 겪어야 하니 자존심 따위는 구겨버리고 산다고 하소연하는 딸이 가여워서 기도를 한다. '일등만 하던 사람이 모두 일등인 무리 속에서 겪는 스트레스는 그야말로 장난이 아니다'라고 상담교재에 써있었다. S대에 소위 사이코가 많다는 속설은 바로 이런 점 때문일 거다.

어쨌거나 너는 홍하려고 고통스럽겠지만 나는 이게 뭘까…. 나이 들어가며 죽음이 두렵다는 것은 외로움이 두려운 것이고, 홀로 떠나야 한다는 것이 두려운 것이고, 너무 아프다가 죽을까봐 두려운 것이다. 내가 잠들어 있을 때 고요히 데려가시라는 기도가 저절로 나오는 것이 바로 두려움 때문이다.

'윤이가 학부에서 공부하지도 않은 회계학과 통계학을 공부하느라 얼마나 힘들겠습니까? 지혜와 총명을 주시고… 어쩌고 저쩌고….'

대략 해두고 그 다음에 이어 '나를 부울쌍히 여기셔서 심신의 건강을 주시옵쏘서….'

하여튼 하늘에 계시는 하나님께 부탁할 걸 다 하고 나니 눈물과 콧물 범벅이 되어 누가 보기 전에 분을 새로 발라야 할 지경이었다.

오늘 새벽에는 돌아온다던 남편에게선 전화가 없다.

지금은 오전 10시 10분 전.

이번에 그가 돌아오면 진짜로 신성한 결혼을 걸고 당신이 그렇게 자꾸 외국으로 다니고 나 혼자 집을 보아야 된다면 나는 황혼이혼을 하겠다고 똑 부러지게 엄포를 놓아야겠다.

약물복용으로 이렇게 달 얼굴(moon face)이 되는 것도 정말 지긋지긋하다고 동료들에게 하소연하자 호강에다 요강을 하는 소리라고 했다.

• • •

❧흐흐, 개 풀 뜯어먹는 소리라고도 함다. (나그네님)
❧지금 자랑하는 거죠? (풀피리님)
❧따님, 천재! (아이작님)
❧No! but thank you, anyway. (재키)
❧황달은 아니고 목욕탕 전구알 3알 중 한 알이 깨져 사방이 노랗게 보였던 것이었다. (재키)

※ 재키는 나의 닉네임.

60세든 16세든 인간의 가슴속에는 경이에 끌리는 마음
어린애와 같은 미지에 대한 탐구심
인생에 대한 흥미와 환희가 있다
우리 모두의 가슴에 있는 무선 우체국을 통해
아름다움, 희망, 격려, 용기, 힘의 영감을 받는 한
그대는 젊다

영감이 끊기고 영혼에 비난의 눈이 덮이며
비판의 얼음에 갇힐 때
20대라도 인간은 늙지만
머리를 높히 치켜들고 희망의 물결을 붙잡는 한
80세라도 인간은 청춘으로 남는다

— 사무엘 울만의 〈청춘〉 중에서

맞는 말씀이고요. 멋진 묘사인데…. 늙고 병든 데다 인생에 대한 흥미와 신뢰도 없어져 버리는 것은 자율신경이 고장 난 탓임을 어쩌리오?

강아지 블루스

✿측은지심 · 1

한 달쯤 된 강아지를 아들 녀석이 냉큼 데려왔다.

나는 사람들하고도 그렇지만 말 못하는 짐승들과 정드는 일을 싫어한다. 그동안도 쉬임 없이 병아리, 집게, 햄스터, 풍뎅이… 등등 키우겠다고 사온 짐승들도 그 연약함에 쉬이 가버렸다. 그래서 나무젓가락으로 십자가 만들어 종이상자로 관 만들어 아무도 몰래 아파트 나무 밑에 묻어 준 것이 한두 번이 아니었다.

"엄마, 강아지 키웁시다."

"안돼! 정들기 싫어. 털도 날리고 오줌, 똥 누가 치워?"

"내가 다 할게…."

이런 실랑이를 초등학교 때부터 했는데 어른이 되더니 어느 날 허락도 없이 떡하니 미니핀 한 마리를 안고 들어선 것이다. 제 딴

에는 강아지를 키우고 싶었는데 누군가 강아지가 우울증에 좋다고 그러니까 핑계 겸 엄마를 위한다고 안고 들어선 것이다.

강아지의 눈을 본 순간, 나의 운명은 이미 늘그막에 눈물께나 쏟게 되었다라는 느낌이 왔다. 이거를 키우다가 헤어지게 된다거나 이게 슬그머니 생명을 놓아버리면 어쩐다지? 미리부터 그런 슬픈 생각을 했다.

그런데 이 강아지가 아들이 돌아올 때까지 소파 밑에 숨어 있다가(그만큼 약하고 작았다) 변을 여기저기 흘리고, 제 딴엔 영역표시인지 소파나 탁자 다리에 발을 살짝 걸치고 나오지도 않는 오줌을 삐식 갈기고 또 죽은 듯 숨어버린다.

이건 정말 내 취향이 아니다. 부아가 났다. 하긴 저도 불안하니까 그러고 다니는 거겠지만…. 성가스럽고 신경이 쓰여 딱 질색인걸 어쩌겠나.

모든 사랑하는 것들을 줄여나가는 게 내 나머지 인생의 명제인데…. 텅 비어버리는 것이 언젠가 다가올 죽음을 편하게 맞이하는데 도움이 되지 않을까. 그런 도사님 같은 명제를 안고 있는 셈인데 강아지라니. 그런데 이 조그만 손바닥 두 개 정도 크기의 강아지 한 마리가 수월찮이 마음을 쓰게 한다.

그렇게 숨어 있다가 아들이 돌아오면 펄펄 나르는 것처럼 뛰어나와 이리 보고 저리 보고 품에 안기고 뽀뽀하고…. 참내!

강아지는 서열을 매긴다고 하더니 이 녀석도 철저히 서열이 있다. 아들, 그 다음이 남편, 그 다음이 나다.

남편이 거실 바닥에서 잠깐 졸고 있으면 슬그머니 다가가 손가락을 빨고 그런다. 개들도 인간성을 아나 보다고 멀리 있는 딸이 전화로 말했다. 그것도 맞는 말인 듯싶다.

아들은 제 이름 하나를 따서 윤돌이라고 이름을 짓고 제 방에 강아지 집을 가져다 놓고는 학교에서 돌아오면 품에 안고 사랑해 준다.

"윤돌아, 다 좋은데 아무데나 X은 누지 마라. 아줌마랑 친해지려면 그게 지름길이다. 알겠쥐? 누구네 아기인지도 모르는 조그만 강아지야!"

✿측은지심 · 2

강아지를 기르겠다고 했을 때 누누이 우려했던 일이 일어났다. 강아지가 몹시 아프다. 내가 먹인 쇠고기 땜시 그러는지 어쨌든 피X을 쌌다. 아무것도 먹일 수 없어 병원 가서 링거 맞추고 대장검사하고 데리고 오긴 했지만 이게 기운이 하나도 없이 자기 집에 너부러져 있다.

나 정말 이런 거 싫어. 너무 불쌍해서 싫어. 사람이라면 어디가 아프다고 말이라도 하지. 가슴 아파 눈물이 나. 이즈음 나도 심신이 다운인데 이게 뭐야, 뭐냐구!

나도 이유 없이 간 기능 수치가 높아져 검사결과를 기다리는데 예전의 건강염려증이 재발돼 저절로 숨넘어가게 생겼단 말이다. 강아지와 내가 A와 B가 되어 서로 상승작용을 한다. 나쁜 쪽으로….

구약성서 욥기에는 '태어나지 않은 자가 가장 복되고 죽은 자가 오히려 평안하다'라는 말씀이 있다. 이 말은 나 같은 비관론자에겐 진리의 말씀이다.

그럼에도 불구하고 나는 살아갈 수밖에 없고 윤돌이도 살아갈 수밖에 없다. 그러니 내 머릿속은 때때로 지옥이 된다.

그럼에도 불구하고 나는 남에게 폐 끼친 적도 없고, 맨날 우거지상을 하지도 않으며 속으로야 비탄이 땅을 치든 말든 유쾌하고 유머도 좋아하며, 웃는 걸 좋아해 누가 나를 웃기면 책상을 치며 입이 째져라 웃는다. 내가 생각해도 어쩌면 나는 진정으로 용감한 여인이 아닐지?

뭐, 징징 짜는 소리야 가끔 하지만 다른 사람이 나처럼 두개골에 문제가 있다면 아마도 14층 정도에서 '나 먼저 가께~에에~' 그러고 '추락하는 것은 날개가 없다아아~' 하고 몸을 날려 버릴지도 모른다.

강아지, 그리고 내 검사결과가 다 좋아서 그나마 해피해지길 바라면서….

•••

❧눈물 나려다 웃음 나오네요. 고모, 내 친구는 강쥐를 두 마리나 하늘나라에 보내고 또 한 마리 키우고 있어요. (조카 지영님)

✿측은지심 · 3

강아지야!

내가 잘못했어. 너 거기 있는 줄 모르고 뿌리쳐서 니가 방바닥에 헤딩한 거야. 그러게 왜 남의 머리 꼭대기엔 올라가니. 난 소파에 누워 있을 때 누가 건드리면 그냥 확! 열난다 말이다.

어디서 온지도 모르는 이 쪼그만 강아지야. 이윤돌아! 형아와 할아버지 성씨가 전주 이씨니 너도 이윤돌이다. 알겠지.

너 땜에 이렇게 자주 슬프면 너네 엄마 찾아 다시 가라고 해야겠다. 그런데 니가 엄마를 찾아 삼만 리 떠날 수나 있겠냐? 휴~

•••

❧재키님, 강아지를 너무 사랑하시는 것 같군요. 그 사랑을 인간에게 주시면 얼마나 좋을까요. (성자의 행진님)

❧저도 예전에 그런 생각했어요. 유난들 떤다구요. 그런데 그게 아닌 걸 어쩌라구요? 성자의 행진님, 내 블로그에 글쓰기 제한함다. (재키)

✿측은지심 · 4

나의 이즈음 생활은 오로지 강아지 윤돌에게 희비애락이 맡겨져 있다.

밥도 안 먹고, 눈도 잘 뜨지 않고, 초점도 잘 맞지 않은 채로 품에 안으면 축 늘어져 잠만 잔다. 병원에 입원시켰다가 찾으러 갔는데 완전 폐견이 되어 있더라. 이 녀석이 그래도 자기 데리러 온 건 아는지 절룩거리며 걸어와서 제 집으로 쏙 들어가려 했다. "윤돌아, 뽀뽀, 뽀뽀" 했더니 괴로운 중에도 얼른 뽀뽀를 하고 쏙 들어가 숨어 버렸다.

동물병원 바닥에 널찍이 누워있는 시츄 한 마리가 잘 먹어서인지 뒤룩뒤룩 생긴 게 머리에 꽃핀까지 꽂고 뒹굴뒹굴, 발로 밀어도 뒹굴뒹굴, 그러다가 생각나면 사료를 덥석덥석 깨물어 먹는 꼴이 질투가 나서 아무도 몰래 귀를 꼬집어 주었다. 그래도 뒹굴뒹굴….

뼈만 앙상한 윤돌이, 의사의 말이 원래 아픈 강아지를 사온 것 같다고. C로(路)의 악명 높은 개 판매상들이 강아지를 작게 키우려고 먹이도 잘 안 주고 가두어 두고 예쁘게만 치장을 해서 병든 강아지가 많다고 한다.

윤돌이는 마치 자살을 결심한 것처럼 컴컴한 구석으로 가서 드러눕기만 하고 나는 눈에 눈물이 마르질 않았다. 원래 좀 잘 운다.

배를 갈아주면 좋다고 하길래 배를 갈아서 입을 억지로 벌려

한 순갈 넣어주는데 이빨을 꽉 다물고 먹질 않는다. 그런 와중에도 나에게 구박받아가며 가리기 시작한 오줌누기와 X누기를 가리려고 애쓴다.

내 방 문을 잠그고 한참을 울었다. 지금도 눈물이 난다. 나는 모든 가여운 것들이 너무나 싫다. 울기도 싫다. 슬픔을 감당할 힘이 없다. 그까짓 거라고 독해질 능력도 없다.

평소 사람을 위해서도 잘 나오지 않던 기도를 올렸다.

"아궁 속에 던질 풀도 귀히 여기시는 하나님! 우리 윤돌이 건강하게 되어 까불고 놀고 아구아구 잘 먹게 해주세요. 오줌 못 가린다고 화내지 않겠습니다. 아멘."

•••

❧측은지심도 지나치면 병이라오. 마음 고쳐 잡수시오. (개장수님)
❧개장수! 당신 죽었어! 여기 오지 마. (재키)

측은지심도 지나치면 병이란다.

지나가는 개장수가 던진 말 한마디, 측은지심도 병이다?

그러면 뭐가 병 아닐꼬? 살아있는 개 때려잡아(그래야 맛있다나?) 불에 그을려서 자기가 키우는 개도 아궁이 솥에 처박아 삶아 먹는 건 병 아닐까? 개가 몸에 좋다고? 그 개가 원한과 공포를 품고 죽은 살이 그리도 몸에 좋을꼬?

강아지의 눈을 한번 봐라. 그 눈의 애처로움을 한번 봐라. 모든 동물들의 눈을 보면, 심지어 뱀의 눈까지도 귀엽기조차 하다.

저혈당에 탈수증세까지 있다는 윤돌이를 이틀 동안 병원에 맡겨놓았다가 일요일 오후에 찾으러 갔다. 컴컴한 철조망으로 된 입원실 쪽에서 고 쪼그만 게 한 다리에 링거 줄을 달고 다리를 쩔룩거리며 열심히 달려 나왔다. 제 이름을 간호사가 부르니 쩔룩거리며 달려 나오던 윤돌이가 눈앞에서 지금도 아른거린다.

아들이 용인 어디 병원에 맡겨 치료하겠다고 데리고 갔는데, 나으면 좋고 그렇지 못해도 할 수 없다고 그러면서….

…나 살려!

•••

❧진짜 울 엄마 살려. ㅠㅠ (딸 윤이)

✿레퀴엠

어디가 그렇게 아팠니?
영문도 모르고 널 보내고 나니
눈물이 복받친다
널 위해 레퀴엠을 듣고 있으니

나의 가슴이 슬픔으로 가라앉는다
강아지 한 마리, 끓이면 한 접시밖에 안 된다고들 하네
내 마음에 도저히 용서할 수 없는 원망을 심은 자여
아마도 그대들은 죽어서
개로 다시 환생하리라

가버린 윤돌이는
짖지도 않고 귀찮게도 안 하고
하루 종일 혼자 집에 남아 있다가
냉정한 내가 돌아와도 너무 좋아서
앞발을 들고 오줌을 찔찔 싸며
반갑다고 반갑다고 빙 한 바퀴 돌고 춤을 췄었다

털이 복슬복슬한 앙고라 셔츠를 입고 안아주면
마치 어미개가 그리운 듯 그 털 속에 얼굴을 묻고
뭔지 모를 생각에 잠겨 아득히 그리워하는 얼굴
예쁜, 사색에 잠긴 선비 같은 얼굴
허약해서 어미젖도 형제들에게 다 빼앗겼을 거야
이리 밀리고 저리 밀려서 나중에야 겨우 몇 방울 얻어먹었겠지
이런 험한 세상을 살아내느라
그 짧은 생애에 무척 고생을 했을 거야

그 감옥 같은 병원에 입원시키지 말 걸
그곳에서 나오자마자 죽기 위한 사투를 벌였지
내가 우니까 저 냉정한 남편이
'나 죽거든 그렇게 울어!' 한다
나도 당신처럼 그렇게 말할 수 있었으면…

어딘가에 묻어 준 윤돌아
햇살이 잘 드는 커다란 나무 밑이라는 건 안다
아들도 널 묻고 하루 종일 울었단다
널 살려 달라는 나의 기도는 하나님이 너무 바빠서
들어주질 못했나보다
그래도 그렇지…
어제 예배시간에는 찬송가도 안 나오더라
윤돌이 닮은 강아지를 가져오자고?
싫어, 그건 윤돌이가 아니고 윤돌이에 대한 배신이야!
아아, 도대체 왜 이렇게 슬픈 거냐
그야말로 강아지 한 마리 때문에
나도 미치겠다, 윤돌아 잘 가!

오늘 2교시 수업시간에 세속오계를 가르쳤다. 살생유택이라는 대목에서 생명을 존중하여 나무 한 그루, 꽃 한 송이도 함부로 꺾지 말아야 한다라는 말에 이어 하물며 움직이고 생각하는 짐승들임이랴! 인간과 친구하는 개를 잡아먹는 우리 풍속을 서서히 고쳐가야 되지 않겠느냐라고 말하다가 눈물이 또…. 애들도 나의 윤돌이를 알고 있기에 애들도 시무룩….

'아, 마스카라 지워진다'라는 말로 어물어물 지나가긴 했다만 날이 가면 갈수록 보고 싶은 윤돌 브라이언!

•••

❧브라이언이라는 이름은 좀 세련된 이름을 지어주어야겠다고 내가 붙인 라스트 네임이다.

✿상상 · 1

우리 강아지 지금 하늘나라 하나님 발치에서 이리저리 까불고 다니겠지?

•••

❧아문요, 그라지요. (나그네님)

✿상상 · 2

어제 집에 돌아오면서 차 안에서 또 윤돌이 생각이 나서 울었다.

아직도 이렇게 많이 눈물을 흘릴 수 있다니 괴롭고도 신기하다.

집에 돌아와 침대에 엎어져 '윤돌아, 윤돌아' 하고 혼자 부르는데 갑자기 발밑에서 왕! 하고 짖는 소리가 나는 게 아닌가! 그건 윤돌이가 살아 돌아온 기적이 아니었고 휴대폰 번호 누르기에 강아지 짖는 소리를 입력해 놓았던 것인데 얼떨결에 가방을 툭 건드리면서 왕 하고 울린 것이다.

어쨌거나 그 소리가 너무 슬퍼하는 나에게 보내 준 우리 귀여운 윤돌이의 대답이며 위로였다고 생각하기로 했다.

•••

❧이제 그만 눈물을 거두우~시오. (탁발승님)
❧아니에요. 눈물은 정서를 순화시킨대요. (쥬쥬님)
❧나도 그렇게 울었는데 새 강아지 키우니까 좀 낫던데. (시베리안 허스키님)

범사에 기한이 있고
천하만사에 다 때가 있나니
살 때가 있고 죽을 때가 있으며
헐 때가 있고 세울 때가 있으며
울 때가 있고 웃을 때가 있으며
돌을 던져버릴 때가 있고 돌을 거둘 때가 있으며
안을 때가 있고 안는 일을 멀리할 때가 있고

사랑할 때가 있고 미워할 때가 있으며
전쟁할 때가 있고 평화할 때가 있느니라

— 전도서 3:1~8

✿단상(斷想)

겨울은 추워야지
여름은 덥고
봄은 아련하고
가을은 처량타 하지.

아주 쓸모없는 생각에 일부러 매달렸다.

나이 들면 여기저기서 은근히 뒤로 민다. 슬쩍슬쩍 미는데… 밀리는 마음을 미는 사람은 모르겠지만 참 서글프다.

교장이 그 알량한 부장 자리를 안 주려고 갖가지 계교를 부리길래 다 써두었던 명퇴서류를 교장 앞에서 쫙 반으로 찢었다. 누구 좋으라고 명퇴냐? 하루에 한 번 교장실에 들러 문안이나 할까 한다. 무슨 재주로 나보다 8살이나 어린 터에 일찌감치 교장 자리 차고앉았는지 이 바닥 사정을 대충 알기에 진실로 경멸하지 아니할 수 없다.

발발 길 줄 알았지? 웃기지 마! 난 그렇게 안 해!

•••

❧교장이 아니라 꼬장이다. (충경님)
❧그까짓 거 탁 그만두지이. (옛 친구님)
❧그 흰대가리 말이냐. (우리 언니)
❧Gloomy Monday···. (재키)

블로그 인생

✿현자(賢者)님들, wise man said…

블로그를 찾아다니다 보면 좋은 점은 정말로 현명한 말씀을 하는 이들이 있다는 것이다.

'골프나 오르간은 모두 힘을 빼야 잘 된다'라는 한 블로거의 글을 읽고 진리가 가까이 있음을 진심으로 기뻐했다.

예배의 오르가니스트(organist)가 아기를 낳는 동안 스페어 반주를 하는데 이건 돋보기에다 악보가 아무리 커도 흔들리는 듯하고 페달을 밟는데 주저하게 되어 스스로 부아가 났다.

또 적잖은 세월을 돈 들여 배운 골프가 아직도 훅(hook) 나고 슬라이스(slice) 나고 뒤땅 치고 부아가 나서 블로그에 하소연 삼아 글을 올렸더니 어느 한 분이 그런 충고를 주신 거다.

골프나 오르간이나 힘을 빼야 잘 된다. 현자의 말씀 새겨듣겠다.

비틀즈의 히트곡 하나.

When I find myself in times of trouble
Mother Mary comes to me
Speaking words of wisdom, let it be

힘 빼고 편하게 그냥 두어라, 애태우지 말고…
성모님이 발현하셔 나에게 그러셨으면….
어쨌든 '케세라 쎄라'이고 '쎄 라 비'이다.

✿기도부대

기독교 신자들을 세 부류로 나누자면 첫째는 모태신앙 부류요, 다음은 인생 중후반에 갑자기 은혜 받아 믿는 부류, 마지막은 그저 참선하는 의미로 교회에 왔다 갔다 하는 부류로 나눠지 않을까 생각된다.

모태신앙의 특징은 '뜨겁지도 차지도 않다'가 아닌가 싶다.

꾸준히 신앙생활은 하되 그다지 적극적이지는 않다. 부흥회 등 감성적으로 접근하여 뜨겁게 달구는 일을 싫어하기도 한다. 그러나 절대로 어느 울타리 구멍으로도 도망가지 않고 꾸준히 울타리 안에서 제 할 일 하는 양한다.

둘째 부류는 그야말로 한국교회의 대부흥을 일으킬 역사적 사명을 띠고 이 땅에 태어났다고 볼 수 있다.

그렇게 된 이유는 수백 가지이지만 자기 자신의 의지로 받아들인 믿음이므로 의심 없이, 심지어 자기 체면을 걸면서까지 희생, 봉사, 헌신, 전도를 하는 골수분자들로 보면 된다.

나머지는 도덕군자들이라고 그저 주일 낮예배 한 자리 걸치고 돌아가지만 그들이라고 한몫 안 하는 건 아니다. 구제 수준에서 십일조도 하고 감사할 일을 기억할 줄도 알아 가끔 감사헌금 내면서 그래, 감사는 좋은 거야라는 자기만족에 기분이 좋다.

그러나 이들은 교회에서 자기가 책임질 만한 일이외의 일들, 예를 들면 건축이 시작되어 좀 과다한 물질이 필요하게 된다든지 주일예배 이외의 좀더 적극적인 신앙생활로 한 발 더 당겨지면 즉시 혹은 잠시 교회에 발길을 끊거나 주목받지 아니하는 대형교회를 찾아가 귀찮은 간섭받지 않고 자기 나름의 신앙생활을 하기도 한다. 심지어는 안티 기독교인으로 돌아서기도 한다.

그러면 모든 교인이 둘째 부류여야만 하는가? 아니다.

이런 저런 스타일의 사람들이 모여 다같이 목소리 높여 찬송도 하고, 서로 권면도 하고, 그리고 건전한 비판의 소리도 나고, 다른 사람의 신앙생활을 보고 문득 무언가 얻을 수도 있고 바뀌어질 수도 있는 것이 교회의 발전이라고 본다. 숫자만 늘려 나가는 것이 발전은 아니다.

하나님께서도 '가라지도 그냥 두라'고 하셨다.

가라지를 뽑다가 이삭을 뽑는 실수가 있을 수 있으니까. 아니, 가라지 나름대로 빈 쭉정이나마 거기 심겨져 있으니까.

나는 모태신앙이다. 어머니의 청교도적 혹심한 신앙훈련으로 인하여 나의 의지 같은 건 뒤적여 볼 새도 없이 기독교인이 된 것이다. 우스갯소리로 '나는 엄마 뱃속에서 찬송합시다' 그렇게 하고 있었다고 말한다.

나는 여고 1학년부터 교회 반주를 시작해서 30년을 봉사하다가 아이들 기르면서 잠시 쉬다가 이제 은퇴할 나이에 임시 반주를 맡게 되었다. 그런데 때맞춰 손가락 관절에 염증이 왔는지 파라핀 치료까지 받게 생겼다. 오른쪽 손가락 4번, 5번이 방아쇠 손가락(건초염)이 되어 딸각 구부러지면 일부러 펴줘야 일어서는 것이다.

오르간 반주를 하자니 이 손가락들이 빠릿빠릿 움직이질 않았다. 거룩해야 할 대예배시간에 오르간이 일명 삑사리를 낼 때가 있는 것이다. 식겁을 먹고 안 되겠다고 안 되겠다고 생떼를 부리자 드디어 나를 위한 기도부대 5명이 선정되어(비공개로) 김 선생 손가락이 잘 나아서 봉사 잘하게 해달라고 기도를 시작했다는 것이다. 그들이 바로 둘째 부류의 일테면 신앙의 그린베레(특전사)들이다.

어쨌든 그들은 이 생떼쟁이를 보듬고 먹이고 거두어서 예배에

빽사리가 안 난 날이면 모두가 환호성을 올렸다. 정말이다. 그리고 놀랍게도 나는 지금 건초염이 거의 다 나았다.

그런데 나이 들어 즐기던 테니스를 그만두고 살살 시작한 골프를 치다가 오른쪽 엄지손가락에 또 다시 건초염이 생겼다. 손가락 첫 관절이 몹시 붓고 누르면 아프다. 기도부대도 해산했는데 어찌 할꼬?

•••

❧참말로 하나님의 놀라운 역사이십니데이. (성애 아우님)
❧의학적 치료의 결과를 그렇게 엮는 것이 기독교인들의 맹신이라고 봄다. (안티님)
❧머시라꼬요, 의학도 하나님이 주신기다, 이말 아입니꺼? (성애 아우님)
❧아유, 싸우지덜 마러요. 골 땡겨! (그냥 사랑님)

✿반복

일상의 반복 중 고쳐지지 않은 악습이 문득 마음에 걸린다. 마녀사냥 당할 것 같다. 지금 죽으면 지옥 갈 것 같다.

나쁜 일, 나쁜 생각을 반복하지 않는 것이 중요하다.

•••

❧지옥 없어요. (안티님)
❧우리 목사님이 지옥 보고 왔다케요. (소나기님)
❧목사가 지옥 갔구만. (여우님)
❧지옥 있어 머시마야. (소나기님)

❧나 가시나거등? (여우님)

※개인의 닉네임을 보호하기 위해서 밝히지 않겠음. 그 뒤로 내가 글쓰기 제한을 할 때까지 엄청 있거든? 없다고! 있다고, 없다고가 반복되었음.

✿정공법

모든 인간관계에서 그 관계를 유지하는 개인 특유의 방법이 있다. 물론 범상식적인 공통점이 있지만 개인마다 개성적 측면이 있다는 것이다. 우회법, 비유법, 삐침법, 체념법, 분노법, 비실이법 등등….

나는 유년기에서 여고시절까지는 비실이형, 대학시절에는 분노형, 대학원 시절과 아이들을 기르면서부터는 투사형이 되었다. 그런데 인생을 살다보니 사사로운 일에나 공적인 일에 있어서 다른 건 그냥 부수적이나 총체적으로 어울려 써먹고 대개는 정공법을 쓰는 게 가장 나았다.

예를 들어 퇴근이 4시 반인데(교사는 8:10분까지 대개 학교 교실에 들어가야 한다. 그래서 대신 퇴근이 좀 빠르다고 볼 수 있다) 내가 4시에 꼭 나가야 할 일이 생겼다고 하자. 그 30분을 가지고 조퇴하기도 억울하고 근무일지를 찾기도 귀찮다.

나는 내 자리에서 벌떡 일어나 교감선생을 향해,

"교감선생님, 이쪽만 보지 말고 저쪽 좀 보세요, 네?"

물론 나는 운이 좋아서 유머를 이해하는 쌈박한 교감을 만났긴 했다.

"아이구, 가쇼 가!"

교감이 반대쪽으로 의자를 빙그르르 돌리며 말한다.

"그럼, 소인은 이만…."

겸사 지쳐 있는 교무실에 작은 웃음을 주고 나는 퇴장한다.

누군가에게 얼마간의 실례를 했다면,

"아이구, 미안해. 지금 자기 나 미워 죽겠지, 응?"

상대방이 피식 웃는다. 사소한 일이지만 그저 남 기분 망치지 않을 만큼 직격탄을 날리면 그들도 허허허 웃을 수밖에.

물론 뭔가 경우가 맞지 않아서 씨근덕거려야 할 때도 나는 정공법을 쓴다.

"모모 씨! 잠깐 봅시다"로 시작해서 밀실담판을 짓는다. 밀실이라지만 나는 목소리가 좀 큰 편이다. 상대방이 체면을 차리는 형이라면 이 점이 좀 효과가 있었다. 감사하게도 크게 불상사는 없었다.

그러나 오늘날 나는 반성한다. 모든 인간관계에 어디 정석이 있겠는가. 두루두루 웬만하면 그냥 줘버리고 살아도 큰 손해는 없었을 거라는 생각이 든다.

•••

❧맞습니다. 줘버리고 발 뻗고 잡시다. (술 익는 마을님)
❧불쌍한 인생들끼리…. (오리 날다님)

〈지하철 정거장에서(In a station of the Metro)〉

The apparition of these faces in the crowed
petals on a wet, black bough
군중 속에서 유령처럼 나타나는 이 얼굴들,
까맣게 젖은 나뭇가지 위의 꽃잎들

— 에즈라 파운드

문득 이 시가 생각났는데 이 시를 읽으면 기형도의 〈입 속의 검은 잎〉이라는 시가 또 떠오른다. 일종의 관념의 유사성이겠지.

✿The Others

아이들이 장성해서 제 갈 곳을 찾아 떠나고 때로는 남편도 귀가가 늦는 날이면 나는 가장 간단하게 밥상을 차리고 혼자 먹고 마신다. 그런데 아무도 없는 집임에도 때때로 인기척을 느낀다.

식탁에 앉아 있으면 안방 쪽에서 샤르륵 커튼 치는 소리 같은 것도 들리고 안방 침대에 누워 있으면 마루에서 중년 남자쯤 되는 기침소리도 들린다. 호호호 하고 누군가 웃는 소리, 작은 공을 던지는 소리도 들린다.

때로는 좀 섬뜩하기도 했는데 〈디 아더스(The Others)〉라는 영화를 보고나서는 생각이 좀 달라졌다.

나 자신이 누군가에게는 The Others가 될지도 모른다고. 그저 서로 살짝 비켜가며 평화롭게 사는 수밖에 없다고.

•••

❧그 영화에서 니콜 키드먼 정말 예뻤져? (오리 날다님)
❧아파트가 방음이 안 돼서 그런검다. (나그네님)

✿장미 가시

주차장 울타리 위로 여름장미가 줄을 이어 피어났다. 넝쿨을 내 자동차 위까지 드리우고 있더니 결국 오늘 세차 중에 오른 팔뚝 위를 날카롭게 긁히고 말았다. 장미는 너무 예뻐서 가시에 대해서 잘 잊곤 한다.

가시도 새파랗고 싱싱하다.

릴케는 장미가시에 찔려 죽었다는데 나의 상처는 죽을 만큼은 아니지만 5센티 길이로 핏물이 스며 나왔다. 그 상처가 며칠 지나도 완전히 낫질 않는다.

만나는 사람마다 상처를 보여주며 장미가시에 긁혔다고 호들갑을 떨었는데, 이제 그 상흔도 희미해지니 이상하게도 살맛이 없어지고 나의 삶에 오랜만에 찾아왔던 낭만(?)도 더불어 멀어져 가버리는 듯싶어 아쉽다.

•••

❧멋있어요. 엉겅퀴에 긁히는 거보다 장미가시라니…. 그야말로 랑만 아니겠습니까? (기러기님)

❧릴케… 그 이야기 사실일까요? 너무 멋 부리는 이야기 같아서리…. (술 익는 마을님)

인생의 나그네 되어

✿뉴욕에 비가 온다

어젯밤부터 비가 온다. 그치지 않고 주룩주룩 내렸다. 덕분에 빗소리를 들으며 편히 잤다.

마음속에 촛불 하나를 켜고 전 세계를 뒤져서라도 찾고자 하는 이가 있어 대책도 없이 이렇게 떠돈다.

"You and I together big bang world."

이어폰을 끼고 듣고 있는 노래의 가사다.

•••

❧왕언니, 언제 뉴욕에 갔수? 바람이다, 바람…. (혜교님)
❧와, 혜교? 오랜만! (재키)
※이 혜교는 내 후배 혜교, 탤런트 혜교가 아님을 밝힌다.

✿길은 길이다

17마일을 달려 유니언처치(Union Church)에 가야 한다. 한번 답사를 해보았지만 이곳의 좌회전 방법이 헷갈린다.

가긴 가야 하는데 방향치, 길치로서 항상 길 떠나기 전에 불안하다. 길은 길일뿐이라고 누군가 충고해 준 말은 상당히 설득력이 있다만, 그래도 낯선 길을 나 혼자 가려면 왜 울고 싶어질까?

도전하기에는 너무 늦었고 포기하고 머물기엔 억울하다. 이것이 인생이려니 한다.

내 가슴이여 진정하라. 너는 이미 여러 번 길을 잃어서 방황했으나 항상 집으로 돌아왔지 않은가!

•••

❧재키는 용감하다. 미국에서 자동차 운전하면 용감하지 멀…. (황사현상님)
❧서울에서 운전하면 그까짓 미국이야 피자케익이네요. (평강공주님)

✿유니언처치

ESL 클래스가 있어 이곳을 찾았는데 이왕 주일예배도 보게 되었다. 교회는 200석 정도, 교인은 30여 명의 주로 노인들이었다. 그러나 예배 전에 파이프오르간을 치는 젊은 신학생은 바흐와 헨델을 그보다 좋을 수 없게 훌륭하게 연주한다.

전주와 후주가 힘차고 정교하다. 비록 옷은 청바지에 티셔츠를 입었지만 나는 한국 교회 어디서도 그만큼 훌륭한 오르간 연주를 들어 본 적이 없다. 일주일 동안 2시간씩 오르간 연습을 하고 예배 반주를 한다고 하니 30여 명의 교인들에게 서비스의 의미를 제대로 알게 해주는 것이라고 느껴졌다.

성가대도 자원자 5~6명으로 이루어졌는데 어쩔 때 알토나 베이스가 나왔지만 중국인 지휘전공자가 엄숙하게 지휘를 하고 노래하는 이들도 최선을 다하여 부른다.

여담이지만 중국인 여자 지휘자가 느닷없이 나를 보고 찬양대에 들어와 달라고 해서 생각해 보겠다고 했지만 마음속으로는 이미 결정을 봤다.

목사님은 50대의 우아한 신사 이미지였는데 유니온이란 의미가 아마도 주일마다 모든 교파의 예배 형식을 바꾸어가며 진행한다는 의미였나 보다.

그 중에서 한 달에 한번은 목사님이 편안한 의자에 앉아서 의자를 이리저리 돌려가며 신자들에게 옛날이야기 하듯 설교를 하는 모습이 인상적이었다. 한 쪽에는 유년부와 청소년부 아이들이 네댓 명 카펫 위에 앉아서 할아버지 옛날 얘기 듣듯 하고 때때로 목사님의 질문에 신자들이 거리낌 없이 대답하는 것이다.

헌금은 은쟁반에 거두었다. 딸랑거리는 소리도 들렸고 울 나라 교회에선 오래전에 바꾸어진 형식이라 좀 우스웠지만 그들은 진지했고 '매미채를 가지고 돈을 달라 하더라'는 등의 비꼼도 없이 자연스럽게 보였다. 나는 이런 점은 한국 교회가 좀 배워야 한다는 생각이 들었지만 마녀사냥 당할까봐 아무에게도 말하지는 않았다.

한국 대형교회에 대한 안티 크리스천들의 반발이 만만치 않은 이 시점에서 배울 건 좀 배워야 하지 않을까. 작으면 작은 대로 최선을 다해서… 교리 하나 가지고 마녀사냥 하는 그런 짓거리들은 그만 해야 하지 않을까. 하늘에 계시는 그분께서 과연 어느 곳의 예배를 받으실지 궁금하다.

대형버스들을 동원해서 그 먼 거리를 달려가서 꼭 어느 목사의 설교를 들어야 은혜가 된다는 졸렬한 신자들도 생각을 좀 바꾸어야 하고 목사들도 집에서 가까운 예배당으로 나가서 예배드리라고 말할 수 있어야 하겠다.

또 하나, 전도는 불신자에게 하는 거고 타 교회 멀쩡히 다니는 기존 신자 끌어가는 작태는 당장 그만두어야 한다. 그렇게 하는 자들의 명분이 웃긴다. 이미 교회에 다닌다고 말했는데도 '울 목사님이 성령이 충만하셔서…' 자기 교회로 옮기라 하더라.

메멘토 모리, 죽음을 기억하라는 말씀

✿오늘은 나, 내일은 너

용기일까? 그 여배우도 20년을 군림했었는데…. 그녀가 떠나버리다니….

20년을 그녀만큼 안방극장에서 열심히 연기하고 또 열심히 부대낀 여배우가 또 있을까? 솔직하고 돈 많이 벌고 싶다고 담담히 말하고 진정한 국민배우임에 틀림없는 그녀!

그렇게 혼자만의 고통이 컸을까. 애처로워라.

정말 그것이 용기일까?

우울증을 심하게 앓으면 자살욕구가 생긴다고는 하지만 꼭 그렇지만은 않다. 내 경우는 오히려 죽을까봐 너무 두렵던데. 병원에도 가고 약물치료도 받고(울 나라 사람들은 정신과 약 먹으면 정신병자 취급을 하니 무식도 병이라고 할 말이 없어진다)….

'마음을 굳게 먹어라, 운동해라, 여행해라, 성경을 읽어라, 기도해라, 마귀를 쫓아내라, 정신병자인가 봐, 걘 왜 저렇게 항상 침침하냐? 너무 편해서 저런다…' 등등 우울증 환자에게 그런 말들은 독이 되고 화살이 되어 피를 흘리게 한다.

가여워라.

우리나라 연예계에서 버티는 것이 너무 힘들었나 보다. 자존심은 세고 대접은 소홀했는지도 모르지.

그렇다고 단숨에 가버린 그대를 나는 이해하지도 미워하지도 못한다. 그 어머니 가슴에 평생 못질이 되었을 거다. 어느 드라마의 탤런트 고두심 씨처럼 여기가 아프다고 하면서 가슴에 빨간약을 평생 바를지도 모르겠다.

무정한 그대. 그대의 용기가 너무 원망스럽네…. 잘 가시게.

•••

※ 전화로 나눈 댓글

❧영정사진의 슬픈 눈빛에 나도 울고 너도 울고(재키)

❧좋은 남편이 있었으면 절대 그러지 않았을 테죠? (금화님)

❧눈이 퉁퉁 부었어요. (기러기님)

❧이 판에도 악플 또 달대요. 인간 말종들! (써니님)

✿두 볼 위에 두 줄기 눈물

우리 시대에는 〈젊은 베르테르의 슬픔〉을 읽고 따라죽기가 유행이었다고 하는데 이즈음은 그냥 툭 툭 죽는다. 우울증이래나 뭐래나….

내가 앓아본 그리고 아직도 완치되었다고 볼 수만은 없는 그 우울증이라면 꼭 그렇게 돌연히 죽고 싶은 건 아닌데…. 오히려 이 아름다운 세상에서 나만 회색벽에 갇혔구나. 이렇게 살고 싶지 않다, 행복하고 싶단 말이다라는 집착이 마음 한구석에 있다.

어쨌든 나는 자살은 못한다. 아니 안 한다. 왜? 무서워서도 못하고 그리고 인생이 너무 아름다워서도 못한다.

언젠가 거대기업의 막내 공주님께서 자살을 했다고 소문이 파다했다. 아니 그럴 수가? 그 많은 돈을 다 마다하고 간단 말이냐? 돈이면 다 되는 결로들 아는 사람들은 대충 그렇게 자기 돈인 양 안타까워한다.

내 딸아이와 비슷한 연배의 발랄한 아가씨가 남은 200만 원도 없어 자살하는데 200억을 가지고도 살 의욕이 없어진다는 것, 바로 이것이 인생의 묘미이며 아이러니이다.

어쨌든 가여운 영혼… 자칭 귀족가문들도 식겁을 먹었을 것이고 두 볼 위에 눈물이 흐를 것이다. 체면 때문에 어디 통곡이나 해봤겠니. 그러면 다들 잘 가라.

나는 소노(이태리 가곡)를 들으며 모두를 위한 레퀴엠으로 바쳐주마.

•••

❧누굴 사랑했나 봐요. 그거 아니면 구만리 청춘에 왜 가겠어요? (술 익는 마을님)

❧이룰 수 없는 사랑이란 말이오? (짚신님)

❧요즘에 이룰 수 없는 사랑이 어딨어요? 유부남? 유난히 부담 없는 남자래잖아요? (오리 날다님)

❧맞아요. 사(事) 자 붙은 남자와 결혼해서 애까지 낳고 사는데 남자가 더 부잣집으로 장가간다고 이혼해 달라 그래서 이혼했대요. (실화님)

❧에고, 썩을 넘의 세상! (재키)

니가 날같이~~ 사랑을 한다며어어~는

가시밭길 험한 길도오오~

맨발로 가리이이~라 아아

— 경기 민요

언젠가 윤이가 전화를 해서 들려준 말인데 오래 가슴이 아프다.

거기 MBA 학생들하고 다른 학교 학생들하고 수구(水球)를 했는데 골기퍼 하던 학생이 아무도 모르는 사이에 물 밑으로 가라앉아 수구 끝날 때까지 떠오르지 않았는데 게임이 너무 격렬해서 아무도 몰랐단다. 나중에 인원 점검할 때에서야 1명이 미씽이라는 걸 안 거다. 그래서 물속에서 건져 올렸는데 뇌사상태라고.

아~~ 무서워. 불쌍해, 촉망받는 젊은이가!

마음속으로 기도할 테야. 모든 안타까운 이들을 위해서….

내 아이들아, 그리고 조카들아, 그리고 친구들아, 또 그리고 국군들아, 모든 젊은이들아! 정말 정말 조심해서 진실되게 잘 살아가거라. 이 엉뚱한 운명 속에서 말이다.

어디로 갈까 어디로 갈까
실안개 핀 언덕으로 갈까
밤은 깊어 별은 지쳐
달빛도 무거운데
가다가다 잊을까
언덕 너머 잊을까
인생고개 너머너머
가다보면 잊을까

— 경기민요를 가르치시는 선생님이
어쩌다 장고를 두드리며 부르신 곡

•••

❧고모, 접수! (조카)
❧슬퍼요. (꽃이파리님)
❧태어남은 순서가 있어도 죽음은 순서가 없소이다. (뜬금없이님)

✿ 나의 유언장

1. 이왕이면 잠든 사이에 천사가 데려갔으면 좋겠다.
2. 내가 병이 들고 현대의학으로 어쩔 수 없다면 가장 편안한 병실에서 통증만 없애 주고 편히 쉬게 해다오.
3. 가톨릭교도인 간병인을 쓰면 좋겠다.
4. 오래 아프지 않도록 지금부터 기도해라.
5. 내가 치매에 걸린다면(그럴 가능성은 없다고 본다. 머리가 너무 초롱거려, 요 꼭지 조 꼭지 다 걱정하니 말이다) 요양원에 보내고 보약이고 무어고 절대로 먹이지 말아라.
6. 장례식은 간소하게 하고 어디 너른 들판 위에 잘 타는 장작불 쌓아두고 그 위에서 재가 되고 싶다만 가능성이 있을지는 모르겠다. 풍장(風葬)은 울 나라 법에 금지되어 있나 한번 알아보아라.
7. 발이 시리지 않게 해다오.
8. 나를 위하여 한 그루 나무 심어주고 그 아래 재를 묻어다오.
9. 조그만 분홍색 대리석에 '대니 보이(Danny Boy)'의 2절을 새겨다오.
10. 혹시 내가 아빠보다 먼저 가면 아빠를 잘 돌보고 버릇없이 굴지 말아라. 아버지의 눈치 없음을 이해하여라. 그리고 너희는 기쁨으로 잘 살아가거라. 천국이 있다면 나는 거기 갈 것이다. 걱정 마라.

•••

❧ mom!!!!!!!!!!!!!!!!!!!!!!!!!!!!!! (딸)

'대니 보이(너희가 모를까봐)'의 가사를 써놓겠다.

아, 목동들의 피리소리들은
산골짝마다 울려나오고
여름은 가고 꽃은 떨어지니
너도 가고 또 나도 가야지
저 목장에는 여름철이 오고
산골짝마다 눈이 덮여도
나 항상 오래 여기 살리라
아 목동아 아 목동아 내 사랑아

그 고운 꽃은 떨어져서 죽고
나 또한 죽어 땅에 묻히면
나 자는 곳을 돌아보아 주며
거룩하다고 불러주어요
네 고운 목소리를 들으면
내 묻힌 무덤 따듯하리라
너 항상 나를 사랑하여 주면
네가 올 때까지 내가 잘 자리라.

— 북아일랜드 민요

✿비법?

늙어가는 비법이라나 뭐라나 하는 비슷한 책들이 제법 팔리나 보다. 누구든지 조금만 이름이 있으면 그런 책을 출간한다. 어찌해서 한 권을 읽었는데 웃음이 피식 나왔다.

요는 이거다.

음식 만드는 일에서 물러나지 말고 좋은 솜씨 살려서 남 불러다 먹이고 며느리는 나가 놀라고 해라. 그러면 음식 솜씨 없는 사람에게는 그건 비방이 아니라 악방인가?

며느리 나가라 그러고 노인들이 집에 널브러져 여기저기 음식상도 제대로 치우지 않고 화투 치고(치매 예방이라나) 베개 꺼내 가로새로 침 흘리고 자고, 그러다 결국 며느리 흉보게 되어 있다.

운동을 해라.

그냥 동네 한 바퀴가 아니라 이건 뾰족구두에 구슬 달고 배꼽춤도 추란다. 거꾸로 걸으면 좋단다. 아니 앞으로도 걷기 힘든 노인들이 거꾸로 걷다가 어쩌려고?

에어로빅스, 착 달라붙는 복장에 앞뒤 배와 엉덩이가 그야말로 에스라인이 되어 가지고 욧싯욧욧싯 하고 뛰는 게 민망하다.

그리고 억지로 하하하하 웃으란다. 물론 그렇게 하다보면 본인도 민망해 웃음이 나온다. 하지만 억지로 웃다가 결국 울게 된다는 사람도 있다.

그저 처음보다 조금씩 덜 먹고, 좀 더 고요해지고 명상적이 되며 다가올 죽음에 대해 겸손하게 파악하고, 동네 한 바퀴 천천히 걸어보고, 때로는 길가에 피어 있는 풀꽃들이 얼마나 아름다운지 주저앉아 이야기나 나누어 보자.

정말로 싫은 것은 늙은이들이 입술연지 벌겋게 바르고 젊은 체하는 거다. 화장은 수수하게 예의상 할 일이다.

멍청한 젊은 것들이 제 늙는 거 모르고 늙은이 무조건 싫다 하는 저능형들은 자기 무덤 자기가 파는 줄 알까 몰라. 자기 하는 짓 그대로 자기 자식이 본 받는다는 걸 모르면 좀 알아라. 답답하다.

한 마디 더.

늙는 게 벼슬은 아니다. 그러나 우리가 부모의 돌봄을 받았으니 마땅히 부모를 잘 돌보는 것이 인간의 순리다. 순리대로 살면 복 받는다.

노인은 고요해지고 젊은이는 친절해지는 게 보기에 좋다.

•••

❧흥, 누구야? 누구? 바봉! (딸)

❧지도 늙을 건데 쪼금 젊다고 어리다고 시건방 떠는 돌탱이들! 정말 싫더라. (지영님)

✿시(詩) 한 수

〈소국〉

늦가을에 핀 소국(小菊)
작고 노란 꽃잎,
네 이름이 소국이라는구나
일본 게이샤 이름 같아서
문득 널 다시 한 번 바라본다.
덩굴 덩굴에 피어나
덩굴을 흔들면
니가 춤을 추느냐

과묵한 사나이가
여름 내 온실에서 키워내
어느 날 문득
책상 위에 선물로 놓인 널 만났다
문득 네가 뿜는 향기
너와 눈이 맞는구나
이 가을 우리 둘
온갖 시름 다 잊고
찐한 사랑에 빠져
어디론가 도망이나 갈까나
나중 일이야 알게 뭐냐.

〈어느 날 머릿속에서 하루 종일 맴돌던 노래들〉

"산촌에 눈이 쌓인 어느 날 밤에
촛불을 밝혀두고 혼자 울리라."

"궂은 비 내리는 날
그야말로 옛날식 다방에 앉아
도라지 위스키 한 잔에다
짙은 색소폰 소릴 들어보렴
이제와 새삼 이 나이에
시련의 달콤함이야 있겠냐마는
왠지 한곳이 비어 있는
내 가슴이 잃어버린 것에 대하여
낭만에 대하여."

"저 산은 내게 내려가라 내려가라 하네
지친 내 어깨를 떠미네."

괜찮다, 괜찮다, 다 괜찮다….

✿친구여, 잘 가라

하나님!

제 친구 실라가 하나님 곁으로 갔습니다.

키는 156센티 정도고 연약하던 여고시절보다 몸이 많이 불었어요. 그래도 예쁘고, 멋쟁이이고, 살림 잘하는 친구랍니다.

너무나 갑자기 다가온 죽음이기에 자기도 영문을 몰라 헤매겠지요. 눈빛에 설움을 가득 담았던 한 마리 어린 사슴 같던 옛 모습이 자꾸 눈에 밟힙니다.

하나님!

이승에 연을 못 끊어 혼수상태에서도 침대모서리를 꽉 잡고 놓지 않았습니다.

혼자 가기가 얼마나 무섭겠습니까? 외롭겠습니까?

남편이 함께 가겠습니까? 자식이 함께 가겠습니까?

친구들도 손을 잡고 눈물만 흘립니다.

저를 하나님 믿게 해주셔서 감사합니다. 저는 기도를 할 수 있으니까요.

비둘기 같은 성령님이 위로하시고 천사님들을 보내주셔서 우리 실라가 천사의 노랫소리를 들으며 미소 짓게 하여 주십시오.

길지 않은 생이었지만 감사했다고 말하게 해주세요. 잘 살았다고 칭찬해 주세요. 고요하고 평화롭고 고통이 없는 날들을 선물로 주세요. 살아남은 자들에게 오히려 평화를 선물하게 하소서.

고생 많았다. 친구야.

니가 좀 일찍 길 떠난 것뿐이다.

누군들 죽음을 피해갈 수 있겠느냐.

먼저 가서 가여운 네 자식들, 울지도 못하는 네 남편,

얼이 빠진 친구들을 위로하는 수호천사가 되어 주렴.

어딘가 쓰여 있다는 글, '오늘은 너, 내일은 나'라는 말이 명치끝을 찌른다.

•••

❧슬프다. (눈물님)

❧천국 가셨을 거예요. (아우님)

내 생명의 양식

✿베토벤에서 트로트까지

내 평생 사랑하는 것이 음악이다. 장르나 정확 부정확, 잘하고 못함을 떠나서 나에게 새로운 생명력을 부어주는 것이 음악이었다.

수업이 없는 빈 시간, 잠 못 드는 한밤에 음악을 듣는데 너무 오버해서인가 어제부터 이상하게도 음악을 들으려고 인터넷에 연결된 헤드폰을 끼면 여러 개의 곡들이 한꺼번에 터져 나온다.

페리코모의 '매직 모먼트(MAGIC MOMENTS)'
김종국의 '사랑스러워'
조수미의 '나 가거든'
마스카니의 '인터메조(Intermezzo) 아베마리아'
장한나의 첼로 독주 '꿈에서 깨어나' 등등이다.

내가 들렀던 블로그들의 배경음악인 모양인데 그 아름다운 곡들이 한꺼번에 앞서거니 뒤서거니 섞여 나오니까… 아이고 귀신 울음 같애.

음악도 편안하지 않으면 그 생명을 의심하지 않을 수 없다고 느꼈다. 그래서 락이나 힙합에 길들여지지 않는가 보다.

•••

❧엄마가 다른 사람 홈피 안 끄고 계속 다른 홈피로 옮겨서 그럴걸? (딸)

〈음악〉

내가 없을 때의 내 발자국
네가 보고 싶을 때의 네 모습
당신이 안 믿어질 때의 당신의 말씀

— 김광회

우리 집안은 기독교의 영향으로 일찌감치 음악에 물든 집안이다. 부자는 아니었는데 내 어린 시절부터 피아노가 있었고 누구의 영향인지 5자매가 모두 노래를 잘해서 알토, 소프라노로 나뉘어 교회나 학교 축제에서 여성 중창을 도맡았다.

다른 언니들이 성인이 되어버리고 나와 내 손위 언니 둘이서 이중창을 하며 초대가수가 되어 저녁예배나 작은 축제에서 노래를 했다.

언니는 결국 피아노 전공으로 가고 나는 애매하게도 교육학이라는 것을 전공하게 되었는데(이 부분이 내 인생에 좀 아픈 부분이다), 나는 작곡을 하고 싶었으나 집안이 폭삭 하고 기울어서 장학금을 찾아 삼만 리를 헤매다가 겨우 이름도 모르던 학교의 채플 반주를 해주고 장학금을 얻게 되었으니까. 그 시절은 되돌아보고 싶지 않다.

그런데 언제부터인지 직장생활을 하면서 2차가 노래방이 되었을 때부터 나는 제2의 전성기를 맞게 되었다. 이른바 뽕짝의 여왕이 된 것이다.

전날 노래방에서 과하게 노래를 불러대고(게다가 이문세가 좋아져서 그의 '붉은 노을'을 부르고 더불어 캔의 '내 생애의 봄날은 간다'까지 부르고 나면 뒷날은 어김없이 목이 쉰다) 교회에 가서 쉬시거리는 바람소리로 말을 했더니 목사님께서 왜 목이 쉬었느냐고 그러신다.

"에헤헤… 노래방에 가서리…."

"원, 찬송 부르다가 목이 쉬어도 시원찮을 판에 참, 어허허."

울 목사님은 '배재코랄'이라는 아마추어 남성합창단의 솔리스트를 할 만큼 음악에 조예가 깊고 좋은 목소리를 지니고 있다. 그러니 김 집사라는 사람이 노래방에 가서 뽕짝에 '붉은 노을'에, 아니 또 최백호의 '낭만을 위하여', 게다가 캔의 '내 생애 봄날까지' 악악대다 목이 쉬었다니 한심하실 거다.

오, 음악이여!

그렇다고 그것들이 나를 망가지게 하지는 않는다. 대중가요라고 멸시하는 경향이 있는 사람들이 적지 않지만 그것도 어느 순간 눈물이 팍 솟게 만드는 힘이 있고 재래시장을 돌아다니며 생명의 환희를 느끼는 그런 정도의 약발이 있는 것이다.

그러나 오늘은 우리가 정말로 음악이라고 부르는 것들을 한번 들어본다. 모차르트가, 슈베르트가, 이작 펄만이 듣고 싶을 때가 정녕 있다. 지금 '사라방드'를 듣고 있는데 하도 시그널 뮤직으로 많이 들어서인지 신선함은 없다.

몸이 좀 아프기 때문일까? 몸 아플 땐 멘델스존이든가?

•••

❧모차르트의 '꽃의 이중창'을 권합니다. (나그네님)
❧나훈아의 '갈무리'요. (황사현상님)
❧우~씨. 파가니니요. (지나가는 사람님)
❧그냥 음악과 함께 춤을 추세요. (스카렛님)

'코러스 썬'이라는 합창단에서 '키리에'를 부르다 보니 생각나는 이야기가 있다.

어느 성당에서 지휘자와 소프라노 단원이 바람이 나서 도망을 가버렸다. 다시 한번 사랑을 하고 싶다 했단다. 남자는 유부남에 자식이 둘 있고, 여자는 과부에 자식이 둘 있다.

나는 우연히 막달레나라는 세례명을 가진 그녀가 자동차를 운전하고 가다가 차창을 열고 누군가와 인사를 나누는 모습을 보았다. 아름답게 생겨서 사고 치게 되어 있었다고 나중에 생각했다. 그러나 아름답다고 다 사고 치면 진정으로 아름다운 사람은 없지 않겠는가.

남편이 바람을 피워 놓고 이혼하자고 매일 때려서 앞니를 두 개나 부러뜨려 어쩔 수 없이 혼자 살면서 아이들 잘 키우고, 그저 흔들어대는 유혹에도 굴하지 않고, 얼굴에 화장품 하나 찍어 바르지 않는 늠름한 여인을 나는 알고 있다. 미모로야 막달레나보다 훨씬 나았다.

막달레나가 지금은 어디서 무얼 하고 있을까. 허무하겠지. 자식들 그립겠지. 남자가 돈이나 많은가. 이혼하면서 알량한 연립 마누라에게 다 주고 사랑만으로 옥탑방에서 산다고 그랬다지. 남자는 막달레나가 남편 교통사고 보험금 받은 것이 많이 남아있는 줄 알았는데 워낙 돈 쓰기를 좋아해서 중형 자동차 사고, 명품 사고, 해외여행 가고, 친구 빌려줬다 떼이고, 집도 전세인데 아이들 양육하라고 시집에 줘버렸다지.

나이 들어 남녀가 사랑한다고 사고 치는 건 좀 생각해 봐야 한다. 다시 한번은 절대로 처음과 같지 않다.

• • •

❧나 그 사건 아는데…. (무임승차님)
❧그저 바람피우는 종자들은…. (재키가 다음 말은 삭제함)
❧결혼은 연애의 무덤이요? (뜬금없이님)
※뜬금없이님은 정말 뜬금없이 들렀다 가시는데 잊을만하면 뜬금없는 댓글을 달아놓으신다.

✿아날로그 그리고 안단테

나는 아날로그, 아직도 안단테.

아니 앞으로도 쭉 아날로그 그리고 안단테.

블로거들이 아무리 희한한 기술로 화려하게 꾸며도, 컴퓨터의 기술이 인간을 조롱하게 되어도, 나는 그냥 펜 대신 좌판만 열심히 두드리기. 보통의 속도로 나아가야지.

그래도 오늘 아들 디카를 뺏어서 직찍 하나 올렸더니 기분이 좋다. 눈을 동그랗게 뜨고 놀란 토끼처럼 보이는 내 얼굴. 제목은 '내 인생은 나의 것'.

윤이도 아니고 윤세도 아니고, 석인이도 아니고 새 강아지 세돌이도 아니고, 바로 나…. 천천히 가고 단추 하나만 누르는 기능으로 사는 바로 아날로그 재키… 안단테 킴이라고 불러주세염.

여보세요. 내 인생의 메트로놈을 안단테에 맞춰 주세요.

• • •

❧Got it. But I always though it was yours (딸)

산다는 것이 이런 것들일는지…

✿오늘도 비는 오고요

사랑하는 사람들은 잘 있는지 궁금하고요.

블로그에 들어올 시간도 없이 업무가 폭주하고요.

아직도 어떻게 살아야 후회 없이 사는 건가 답이 없고요.

세월은 쏘아 놓은 화살처럼 가버리고요.

그리운 사람들은 만날 수가 없고요.

이러한 것이 산다는 것이지요?

•••

- 아니, 왜 엄마한테 일을 그렇게 많이 시키는 거야. 앙? (딸)
- 메뚜기도 한철이지 뭐. 기말고사 수행평가, 컴퓨터에 입력, 전교생 진로 탐색일. 뭐뭐 이런 시답잖은 것들이지 뭐. 성취감 없는 일은 땀 흘리지 않는 노동이다. (재키)

✿머리 빡빡 깎고

흔히 사는 게 짜증 날 때면 나는 이렇게 말한다.

'에잇, 머리 빡빡 깎고 중이나 될까?'

부처님이 들으시면 하품하실 거고, 하나님이 들으시면 '아니, 뭔 소리여? 너는 내 막내딸이여!' 이러실 거다.

어느 그림에 동승이 입에 꽃 한 송이 물고 강아지 데리고 신록을 가로지르는 모습이 아주 아주 자유로워 보여 컴퓨터 바탕화면으로 깐다.

우리 어머니는 중(스님)을 사탄이라고 접근도 못하게 하셨다.

✿모국어

해외에 잠깐씩 살림을 차리다 보니 영어가 능통하면 참 좋겠다라는 생각을 하게 된다. 그들이 나를 여행객으로 봐주지 않고 눌러앉은 이민자로 보고 사정없이 빠른 속도로, 혹은 슬랭으로 마구 쏘아붙이기 때문에 멍할 때가 많기 때문이다.

하도 그렇게 당하다가 한번은 목소리 팍 깔고, 만약 나도 모국어로 말한다면 엄청나게 빨리 말할 수 있다고! 했더니 계산대 앞에 있던 사람들이 오하하하 웃었다.

골프장 값이 싸고 그린이 좋으니까 자주 나가는 편인데 어제는 참 내! 카트(Cart)를 금지구역에 세운 줄도 모르고 뒤돌아서서 일행이 공 치는 것을 바라보고 있는데 뒤에서 누가 큰 목소리로 "배암!" 한다.

"아이그머니, 악! 엄마아!"

폴짝폴짝 뛰며 뒤돌아보았더니 이게 뭐야? 미국 노인네가 날 보고 소리친 것이다. 이상하다, 저 노인네가 배암! 하고 나를 놀래키다니?

"……."

그 노인네의 말을 들어봤더니 내가 카트를 금지구역에 놓았으니 저쪽으로 옮겨 달라는 것이다.

"오케이, 쏘오리" 하고서 카트를 옮기다가 그제서야 머리에 떠오르는 진실. '배암'이 아니라 '매~엠!'이었던 것이다.

아주머니를 좀 존경해서 부르는 호칭이 '매엠'인데 나의 모국어로 가득 찬 머리가 배암으로 알아들은 것이다. 누가 생각조차 영어로 하라던가? 그러면 그게 미국넘이지 한국넘인가.

미국교포 사기꾼을 형사가 갑자기 귀를 꽉 꼬집으니까 '아야야' 하더라지 않는가.

모국어를 오죽하면 'Mother Tongue'이라 하겠는가. 죽어도 버릴 수 없는 게 모국어이다. 영어의 바다에 빠져도 모국어는 돛을 달고 바람처럼 달려올 것이다.

• • •

❧그래서 교포들도 한국어를 배워야 2개 국어를 하는 거라고 열심입니다. (훈장님)

❧얼굴은 노란데 영어만 미끄러지게 하니까 좀 거지같던데요. (훈장 아드님)

✿오늘 문득

〈우리를 슬프게 하는 것들〉을 쓴 안톤 슈낙처럼 머리를 스쳐가는 나를 슬프게 하는 것들이 무엇인가 생각해 보았다.

만추에 이국의 값싼 호텔 로비에서 오지도 않을 남자를 기다리는 진한 커피색 바바리를 입은 중년의 여자, 3번째 읽는 〈좀머씨 이야기〉, 소위 〈노예의지론(De servo arbitrio; On the Bondadge of the Will)〉이 나를 슬프게 한다.

솔베이지의 노래, 국경을 넘을 때 울리던 종소리(미국에서 캐나다 국경을 넘으려고 여권검사를 받고 있는데 종이 울렸다), 그레고리안 찬트(Gregorian chant)의 다섯 음계, 다섯 알의 약, 허난설헌과 버지니아 울프, 안톤 슈낙의 〈우리를 슬프게 하는 것들〉이 나를 슬프게 한다.

월마트에서 남루한 흑인이 내미는 카드가 자꾸 에러를 내고 4불 30센트짜리 모조진주가 그의 손에 들려 있을 때, 오전 10시, 발을 다친 말, 버려진 수선화, 배고픈 노인, 미국에 불법체류하고 있는 엘살바도르의 피터와 크리스티안, 클리블랜드의 겨울새, 마이클 랜던이 출연한 〈초원의 집〉, 그리고 나의 옛 집이 뜯겨지고 목욕탕이 되어 있는 것을 보았을 때 이것들이 나를 슬프게 한다.

✿화전(花甎)을 부치며…

나는 박경리 선생님의 〈토지〉를 5번 독파했다.

소설 속의 인물 용이, 길상, 그리고 구천을 사랑하며 살았다. 그리고 나의 젊은 한 시절, 그들의 면모와 어느 면 닮아있는 사람과 사랑도 했다. 그리고 정말로 운명은 그런 사랑을 허락하지 않는다는 것을 알며 나이 들었다.

"당신에게 화전을 부쳐드리고…."

구천을 사랑한 별당아씨가 지리산 누막에서 가냘픈 숨을 몰아쉬며 정인(情人)에게 그렇게 말하는 장면에선 눈물이 가슴을 녹였다.

사랑은 그런 것. 밖에는 비가 내리고 오두막은 남루하나 사랑은 그렇게 말하고 싶은 것.

내일은 비가 온다고 하니 정인(情人)에게 드릴 길은 없으나 나도 화전을 부치는 시늉이나마 해보면 어떠할까. 그러나 나는 김치전 하나 부치는 일도 서투르니 고 아름다운 꽃잎을 따기만 해서 솜씨 좋은 친구를 불러 전 부치게 하고, 소주잔 앞에 두고 옛날 추억에 잠기리라.

어디서 무엇을 어떻게 하고 살고 있는지 모르던 지인들이 인터넷 홈피를 통해 갑자기 안부를 알게 되고, 이때까지의 그리움을 토로하고 옛 추억에 젖는다.

영희 언니, 희경이, 경혜, 순남이, 영숙이, 하늘나라로 가버린 실라도 다 소식이 알아졌는데 그녀들은 정말 소녀적하고 똑같았다.

영희 언니는 여고시절 학교의 명 솔리스트였고 나의 손위 언니는 그 반주로 둘이 항상 함께 다녀야 했다. 그 뒤로 내가 졸졸 따라 다녔고…. 영희 언니가 철수 씨하고 결혼해서 바둑이를 키우며 행복하게 살고 있음이 사진들을 통해서 느껴졌다.

그리고 모두가 어쩌면 그리도 행복하게 살까. 자기 살림을 야무지게 해내고 있는 친구들에게 사랑한다고 전해 주오.

검정 타이즈 한 켤레와 하얀 실내화 한 켤레만 더 있었으면 더욱 더욱 행복했었을 황금 같은 시절. 그때의 소녀들은 모두 젊은 할머니들이 되어 이제 만나면 아직도 누구야 누구야 하고 서로의 이름을 부른다.

이생이 끝나면 천상병 님의 말씀대로 내생(來生)에 가서 소풍 잘 하고 왔다고 말들을 하겠지. 모두들 언젠가 한 줌의 흙이 되어 한숨 쉬며 돌아눕겠지.

그러나 지금 한순간은 차마 외롭구나.

꽃잎처럼 치마를 뒤집어쓰고 바다로 뛰어내리고 싶다. 멋 내려는 말이 아니고 기분이 그렇다. 그러는 여자를 우리는 대개 아마도 치정 때문이거나 실연 때문이라고 넘겨짚지만 사실은 그녀는 하릴없이 그냥 꽃이파리가 되고 싶었을 수도 있다.

담배나 마리화나나 한 대 피우고 싶다. 그 연기를 허공에 후우 날리고 싶다.

어쩌면 세월은 이렇게도 빠르게 지나가나. 나꾸어 챌 재간이 없으니 손목 잡혀가듯 끌려간다.

참치회덮밥을 먹었다. 여린 이파리들이 사각사각 씹히는데 정작 참치는 물렁거렸다.

한량무(閑良舞)를 연습하고 있다. 자태가 너무나 어여쁜 선생님 때문에 항상 기분이 좋다. 내게도 어깻짓을 하고 자태를 곱게 할 수 있는 여유가 조금 생겼다.

한편으론 '이제 와서 무슨…' 또 한편으론 '지금부터 열심히'라는 앞뒤 다른 생각에 골몰하다.

텅 빈 집에서 강아지 두 마리하고 있다. 돈가스 냄새를 맡고 고기가 먹고 싶어 애처로운 강아지들. 근데 왜 고기를 먹으면 강아지가 아프게 될까. 이젠 강아지도 아니고 3년이나 됐는데.

강아지들이 나보다 더 사랑하는 아들과 남편은 한 사람은 술 마시러 갔고, 한 사람은 교통이 막혀 직장 근처에서 그냥 자겠단다. 두 마리 강아지가 애처롭게 기다리는데 전주 이(李)씨들은 그 성품이 너무 단순무쌍하여 그런 점에 전혀 유의하지 않는다. 그냥 나만 마음이 아프다.

일요일….

예배 끝나고 바쁘게 성남에 갔다가 엎어진 김에 쉬어 간다고 찜닭과 맥주 두 병을 마셨다. 가끔 이렇게 망해버리고 싶은, 될 대로 되라 하는 기분이 든다.

간절히 바라면 이루어진다는 그 헛된 말씀!

밤은 깊은데 잠은 안 오고 남들이 먹으면 거의 치사량일 약물을 섭취하고도 이렇게 멀뚱멀뚱하다?

큰 소리로 노래를 해본다.

> 배를 타고 하~바나를 떠난 후
> 나의 마음 슬퍼 눈물을 흘렸네
> 사랑하는 친구 어디를 갔느뇨
> 바다 건너 저편 멀고 먼 나라로
>
> — 〈라 팔로마〉 중에서

엔까처럼 써 봄.

바위섬에 핀 동백꽃을 볼 때면 나를 생각해 주세요
나를 동백꽃이라 이름 붙여주던 나의 벗이 말하였듯이…

장미이기엔 너무 거칠고 나는 천상
바닷바람 가운데 빨갛게 피는 동백나무의 꽃인가 봐
내 가슴속 바다를 향하여 동백 한 송이를 띄우네

10월이 가는 소리.

아직 중순이지만 나는 이미 10월이 가고 허무하게 나락해 버린 그래서 때로 심술궂은 11월이 다가오는 발소리를 듣는다.

로버트 프로스트의 말방울 소리까지도 멀리서 달랑달랑 들려오는 소릴 듣는다.

오늘은 새로 구성된 합창단이 처음 연습을 했다. 귀찮고 번거로우나 한두 시간 화음을 맞추다 보면 어느덧 기쁨이 솟아오른다.

어느 아름다웠던 여고시절, 소녀들의 합창소리가 귀에 연연하고…. 아름다웠던 시절, 이제는 다시는 오지 않을 그 추억들을 껴안고 미소를 짓는다.

나는 다시 태어나도 그 소녀시절을 꼭 찾아가야지.

10월의 끝.

영어회화 강습 강의실에 좀 일찍 가 앉아있는데 희경에게서 전화가 왔다. 실라가 세상을 떠났다고….

탐스러웠던 머리카락이 다 빠지고 온몸이 경련을 일으키면서도 그래도 자기는 죽지 않는다는 희망을 품고 있었는데.

자그마한 보랏빛 꽃 같았던 그녀.

소월의 시 한귀를 너에게 보낸다.

산에는 꽃 피네 꽃이 피네
갈 봄 여름 없이 꽃이 피네
산에 산에 피는 꽃은
저 만치 홀로 피어 있네

저만치 홀로 피어 있는 것 같았던 소녀시절의 실라가 또렷이 생각난다.

그동안 너를 울게 하고, 화나게 하고, 병들게 하고, 고통스럽게 했던 모든 인생의 잔해들을 툴툴 털어버리고 저 아름다운 고요를 향하여 천천히 가려마.

나이 들어가니 옛 친구들이 하나하나 세상을 떠난다.

매일 매일 기약도 없이 내년 봄을 기다린다.

흐드러지는 봄이 오면 산으로 들로 진달래를 따러 가야겠다고 마음먹는다. 인생은 비 오는 날 부치려고 미리 따다 놓은 상처 난 꽃이파리 같은 것.

뜨락에 내리는 봄비를 바라보며 친한 친구 두엇 어울려 화전을 부치며 옛 노래를 부르고 소주도 한잔 마시고 싶다라는 마음을 다시 한번 어루만진다.

우리들의 가슴이 아직도 아련히 타오르고 있다는 사실을 가만히 숨기고 서로에게 "아, 오늘 술맛 난다!" 마치 술꾼처럼 말하겠지.

✿어느 멋있는 날

만사 귀찮다로 시작되는 지병(?)이 도져 클리블랜드에서도 일주일 내내 내리는 눈보라를 바라보며 오후엔 결국 쭈그리고 앉아 향수병처럼 모습을 바꾸고 기어 들어오는 우울을 못 참아 매일 오후 훌쩍거리던 일이 잠시 귀국한 이즈음도 나를 떠나지 않고 있다.

딸아이가 주말에 와서 그냥 지나가는 말로 영화 〈테이큰(Taken)〉 봤느냐고, 자기는 보았는데 음… 재미도 있고 또 부성애를 느끼게 한 영화라고 정보를 주었다.

하릴없이 거의 텅 빈 영화관에서 편한 자리 찾아 작품성이 짙으나 대박을 못 치는 외화를 더러 보는 것이 남편과 나의 취향이다. 뭐 솔직히 말하자면 남편은 그 시간에 컴컴한 의자에 푹 묻혀 조는 것이 편하니까, 다시 말하면 그 시간엔 내가 더 이상 징징대지 않으니까.

내가 앓은 10여 년 계속되어 온 토요일 아침의 취미생활이다. 그래서 오늘 아침 10시 50분 표 두 장을 편한 쪽으로 골라 사서

비가 촉촉이 내리는 아침에 둘이서 극장에 갔다.

예상대로 관객은 젊은이들 열댓 명…. 캔커피를 마시며(너무 달다. 왜 이렇게 만들까?) 팝콘을 우물거리며 잠시 후 시작된 영화에 곧 몰두했다.

첫 장면부터 리암 니슨의 늙어가는 얼굴과 큼직한 체구에 가슴이 툭 두근거렸다. 극히 절제된 표정과 기능화된 폭력적 힘으로 묘사된 주인공을 연기하는 그의 진지함과 딸에 대한 애타는 부성애를 애써 가슴에 묻어두는 그런 그의 연기, 딸아이의 서늘하고 날씬한 사슴 같은 모습, 긴 생머리도 너무 예뻤다.

그때 남편이 졸기 시작해서 나는 그를 꼬집어 깨웠다. 그가 좀 봐주면 좋겠다 싶어서.

비현실적인 내용이라고 봐야 하겠지만 또 얼마든지 현실적으로 일어나고 일어날 수 있다는 그런 생각을 하며 그가 납치된 딸을 무시무시한 폭력집단으로부터 그야말로 슈퍼맨처럼 또 어느 때는 잔인무도할 정도의 폭력으로 적을 제압하는, 그러면서도 자기는 별로 손상당하지 않고 아니 손상당했음에도 불구하고 초인처럼 마침내 딸을 구해내는 장면들을 꾸며낸 영화라는 사실을 알면서도 감동스럽게 감상했다.

두 사람 14,000원은 아깝지도 않다는 얼굴로 영화관의 문을 나섰고 오랜만에 가슴이 좀 시원하고 기분이 좋았다. 남편도 후반부에 집중을 했는지, 당신은 만약 그럴 경우 그렇게 할 수 있겠느냐는 내 말에 지하주차장으로 내려가는 모퉁이에서 몸을 싸악 돌리며 '화악' 하며 적을 제압하는 몸짓을 해 보이는 것이었다.

호호호, 정말 오랜만에 나는 소리 내어 웃었다. 사실 그는 유도의 고수니까 뭐 꼭 헛말은 아니었다.

비는 아직도 솔솔 내리고 있었고 우리는 오랜만에 마음이 딱 맞아서 자주 가는 별내리는 너무 멀어 청학리로 가서 점심을 영양밥솥으로 먹자고 자동차를 몰아갔다. 그가 잠깐 길을 잘못 들어 진접으로 가는 차도로 들어섰어도 나는 평소처럼 화를 내지도 않았다.

내 가슴에 낭만이 사라진 것이 내 병의 주요 증상.

아, 오늘은 리암 니슨을 6개월간 사랑하겠다고 결심했더니 기분이 더욱 좋아졌다.

다투어 피어나는 가을 꽃, 이름 모를 꽃들이 비와 나락나락 놀고 있고 우리가 점심을 먹는 초가집 마당에 진돗개 두 마리가 나무 밑에서 우두커니 내리는 비를 바라보고 있었다.

•••

❧늙어서 더 멋있는 배우 : 숀 코네리, 폴 뉴먼, 리암 니슨, 마이클 더글라스. (영화광님)

❧마이클? 동의 못해요. (초로기님)

❧오로지 햇반(오드리 헵번)은 어떠신가. 썰~렁, 죄송. (재키)

2장
아름다운 기억

여름에는 전혀 오지 않는 부산의 바다
인산인해의 그 더러운 바다가 아닌
청정한 겨울 바다가 가슴을 찡하게…

소녀시절 · 1

바다가 호수처럼 둥그렇게 내려다보이는 교사(校舍). 봄이면 아카시아와 라일락 향기가 소녀들의 가슴을 아리게 하던 그 곳. 사향나무 울타리 저 너머로 남고(男高)가 아스라이 보이고 비밀과 속삭임과 노랫소리와 그리고 까르르 웃음소리가 아울리는 그곳이다.

고(故) 김남천 선생님은 우리의 영어교사이셨고 그 이전엔 순천사범병설중학교를 다니던 나의 영어교사이셨다. 그래서 오래된 스승과 조금 더 오래된 제자를 서로 신뢰하고 존경할 수 있었다.

얼굴빛이 조금 붉으시고(죄송하지만 관우, 장비 한다면 장비 쪽이셨다) 눈썹이 유난히 검고 단구(短軀)지만 단단하고 절도 있는 몸짓인 의리파 선생님이셨다.

소문엔 공부 잘하는 그러나 지나치게 개성이 뚜렷해 고집이 셌던 K가 선생님을 연모했다 하는데 나의 기억엔 그 아이가 영어공부를 열심히 했다는 것, 그러나 정작 영어시간엔 엉뚱한 질문, 반항적 언행을 했다는 것 정도가 기억에 남아있다. 아니다. 어느 날 K가 좀 지나쳐서 선생님께서 그 아이의 노트를 반으로 쭉 찢어버렸던 일도 있었던 것 같다.

지금 생각하니 사춘기 소녀의 스승에 대한 사모가 그런 행동을 하게 했으리라 짐작이 된다. 뭐 이것이 본론은 아니고….

그러던 어느 날 나는 우연히 매우 우스운 광경을 목격하게 되었다. 주번이라 교실 정리를 마치고 거의 텅 빈 복도를 걸어 나오는데 옆 반 예자(귀염성 있는 말괄량이였다)가 복도 반대 쪽 끝에서 자꾸 같은 노래를 반복해서 부르며 교무실 쪽을 흘끔흘끔 바라보는 것이었다.

쟤가 왜 저러냐? 나는 실내화를 운동화로 갈아 신으려고 신발주머니 끈을 열면서 그 애 하는 짓을 유심히 보았다. 그 애가 부르는 노래는 그 무렵 음악시간에 배운 '두나(Duna)'라는 노래였다.

가사로 외워 보자면 이렇다.

오, 내 나이 어릴 때 내 입은 가볍고
바다 위에 떠돌기 나 참 원했네
지금 <u>남천</u> 바라볼 때에 늘 들리는 것은
그 작은 두나 별이 부른다 아~아~

그 두나 별이 부른다

아~ 그 두나 별이 나를 부른다

밑줄을 그었다시피 그 남천을 이용하여 예자는 김남천 선생님을 놀리고 있었던 것이다.

결국엔 선생님이 쫓아 나오시고 예자는 복도를 빙빙 돌며 도망치고 또 도망치고, 선생님은 잡으려다 놓치고 또 잡으려다 놓치다가 결국엔 예자의 뒷덜미를 잡으셨다. 하지만 숨이 너무 차서 "이, 이, 이넘의 엉? 이, 이 녀석이…" 그리고 헉헉거리시는 것이었다.

그때 예자 왈,

"왜 그러세요? 멋땀시오? 나는 음악시간에 배운 노래 부른 거라고요. 참말이랑께요?"

나는 혼자서 배꼽을 잡고 웃었다.

결국 예자는 선생님의 솥뚜껑만 한 손에 군밤을 한 대 맞고 한 사나흘 머리에 혹이 났다며 툴툴거리면서도 제 무용담을 자랑으로 늘어놓았던 것이다. 그 이야기를 듣고 우리는 까르르 뒤로 넘어갔지만 나는 혼자서 속으로 마치 육친의 흉을 함께 보는 듯하여 가슴이 얼마간 아팠던 기억이 난다.

아름다운 시절의 아름다운 기억이 그림처럼 떠오른다.

소녀시절 · 2

합창반의 연습시간이다.

이용일 선생님은 거의 러닝까지 벗어젖힐 기세로 화를 내시다 발을 구르시다 때론 너무나 아름다운 우리들의 화성에 감탄하셔서 도수 높은 안경 너머의 눈에 스르르 눈물이 고이기도 하셨다.

서울대학교를 졸업하시고 두 번째 발령을 여수여고로 받으신 총각선생님. 만약에 선생님의 인물이 좋으셨다면 그야말로 소녀들이 아아악 하고 까무러쳤을 그런 열정과 실력을 지니셨지만 다행(?)스럽게도 선생님의 인물은 두꺼비상처럼 복스러우셔서 그때 소녀들의 소위 스타일은 아니셨던 것 같다. 그럼으로써 소녀들의 애정공세에서 벗어나서 더욱 우리들의 음악활동에 아무 스스럼없이 박차를 가할 수 있었던 것도 같다.

문제는 선생님이 우리에게 주시는 곡(曲)마다 여고생들이 소화

시키기엔 너무나도 어려운 것들이라는 점이었다. 선생님은 자신이 감동받고 음악적 엑스터시(ecstasy)를 느끼는 곡마다 무조건 우리들에게 제시하셨다.

'할렐루야', 그래 그 곡은 어쨌든 원만하게 소화해 내었다. 그 다음 '유랑의 무리'는 선생님이 한두 번 시켜보시고 "되았다"라고 넘어가신 곡이고, '투우사의 노래', '히브리 노예들의 합창'(편곡도 하셨다), '남몰래 흐르는 눈물', '이상(Idea)', '글로리아'….

수도 없는 주옥같은 노래들을 배우고 익히느라 우리들은 방과 후 수업은 어두움이 고즈넉 물드는 저녁까지 계속되었다.

개인적으로 오늘날의 우리 교육이 음악시간을 자르고 체육시간을 줄이고 미술시간도 치워보고 이리저리 뒤적거리면서 영, 수, 국 이외의 그 어떤 것을 조금 더 없앨 수 없나 하고 눈을 번득이는 것이 참으로 속상하고 안타까운 일이라고 생각되는 것은 이러한 나의 추억을 일평생 기억해냄으로써 너무나 행복하기 때문일 거다.

지금의 소년들이, 소녀들이 얼마나 불행한가는 교사였던 내가 잘 안다. 그야말로 숨구멍이 그들에겐 없다. 방과 후의 아름다운 음악소리도 사라졌다. 힘차게 구르고 뛰는 운동장의 에너지도 다 사라졌다. 이젤을 놓고 아득히 먼 곳을 바라보는 소녀도 이젠 대학가는 의미 빼고는 다 사라졌다.

그 누가 이것을 언제 어디서부터 복구해 놓을 것인가. 그야말로 학부형, 교육책임자, 더불어 역사가 책임을 물어야 할 대목이다.

쓰다가 보니 글이 딴 길로 샜지만 어쨌든….

사실 이 선생님은 나의 중학교 시절의 스승이시기도 했다.

여수여고는 초임 발령이 아니고 순천 사범병설중학교가 그 분의 초임 발령지이다. 그곳에서 중 · 고를 다 가르치시던 선생님은 사범고 선배들이 쓰던 음악실에 풍금만 가득하던 것을 미국의 어떤 재단으로부터 빛깔도 새하얗게 아름다운 피아노 3대를 기증받아내셨다. 그래서 시작된 것이 우리들의 피아노 레슨이었다.

일주일에 한번씩 우리는 공평하게 바이엘부터 선생님의 레슨을 받았다. 바이엘은 너무 쉬웠고 나에게 주어진 고마운 음악성은 바이엘을 15일 만에 끝내버리는 사건을 일으켰다. 선생님의 지대한 기대는 이때부터 시작되었고 그에 부응하며 나는 무럭무럭 피아노도 잘 치고 노래도 잘하는 그런 여중생이 될 수 있었다.

어느 봄날, 선생님은 그때는 참으로 드물었던 야외수업을 하셨는데 그때 노래 한 곡을 가르치시고 나서 나와 알토를 잘하는 친구 박영애에게 이중창을 부르게 하셨다.

그 노래는 이러했다.

오색 꽃이 만발한
녹음 아름~다운 들

맑은 하늘 저 머~얼리 흰 구름 흐~른다
뻐꾹, 뻐꾹 뻐뻐꾹, 우는 뻐꾹새 소리~ (알토와 함께)
푸른 하늘 저 머~얼리 흰 구름 흐~른다
랄라라~ 노래하자
랄라라~ 숲속으로
랄라라~ 라라 랄랄
랄랄라 랄랄라 랄!

박영애는 알토를 정확히 불렀고 나는 그야말로 꾀꼬리처럼 소프라노 파트를 잘 불렀다. 노래가 끝나자 선생님의 기색은 그야말로 예쁜 내 새끼들 하는 표정으로 흡족하셨고 "흐흐, 뭐 이 정도는 되야지, 엉?" 그러시며 좋아하셨다.

그 봄날도 내 뇌리에 영원히 행복으로 남아주었다.

자, 그렇다면 이 이야기는 해피엔딩인가? 물론 그렇다. 내가 이렇게 아름다움을 말하며 쓰는 것을 보면 반드시 그렇다.

그러나 삶은 때때로 우리를 속인다. 푸시킨은 그렇다고 슬퍼하지 말라고 했으나 그러나 슬퍼해야 기뻐할 수도 있지 않은가?

내가 여고로 오고 얼마 후 위에 썼던 남천 선생님과 용일 선생님은 여수여고로 전근을 오셨다. 나는 선생님의 전(前) 수제자였고 나보다 한 학년 위인 언니가 그 자리를 물려받았다.

나는 음악에 게을러졌고 나의 언니는 음악에 몸 바쳐 헌신하도록 음악을 사랑하는 노력가였다. 자연스럽게 언니가 합창단의 반주를 맡게 되었고 성실한 언니는 한 번도 연습을 게으르게 하지 않아 선생님으로부터 항상 칭찬을 받았다.

그런데 그러던 어느 초여름 날 오후….

'오렌지 향기는 바람에 날리고'라는 합창곡을 연습하다 일이 벌어졌다.

곡 자체도 어려웠거니와 아이들은 지쳐 있었고 그날따라 모두가 짜증이 났었다. 선생님은 화가 북받쳤고 아이들은 심드렁했다. 그 순간에 언니가 전주 한 구절을 왕창 틀리고 만 것이었다.

선생님은 불같이 화를 내시며 언니를 "멍청이, 머저리, 니가 음악을 한다고? 쇠가 웃겠다, 연습도 안 하고 일요일날 뭐하고 자빠졌었냐?"

뭐 하여튼 일일이 기억할 수 없건데 결국은 언니가 건반 위에 눈물을 뚝뚝 흘리게 되었다는 사실이다. 언니는 눈이 크고 연약한 생김새의 우등생이었고 자존심도 매우 강했지만 그냥 그렇게 눈물을 뚝뚝….

'피는 물보다 진하다'라는 말씀은 진리다.

나는 분연히 일어나서 선생님께, 아니 차마 그렇게는 못하고 울고 있는 언니에게 소리소리 질렀다.

"바보, 천치같이…. 멍청아, 그래도 반주할 거냐? 나 같으면 안

한다 안 해!" 이랬던 것이다.

합창반은 쥐죽은 듯 고요해졌고 오후의 나태는 두려움과 공포로 얼어붙었다.

그 시대에 교사 앞에서 그렇게 망극한 행동을 하는 것은 그야말로 퇴학감이었던 것이다. 그러나 내 말을 듣고 언니는 분연히 일어나 책을 탁탁 챙겨 들고 피아노 뚜껑을 탕 닫고 휑하니 음악실 밖으로 나가버렸다. 나는 망연히 서 있었고, 선생님도 서 있었고, 아이들은 앉아서 앞으로 일어날 불상사를 예감하며 자라처럼 고개를 어깨에 처박고 고요했다.

갑자기 선생님은 망연한 상태에서 깨어나신 듯 주위를 휘 둘러보시더니 격렬한 속도로 나에게 돌진해 오시곤 나의 뺨을 이쪽저쪽 이 뺨 저 뺨 사정없이 일곱 대를 갈기셨다. 나의 머리가 휙휙 젖혀지고 아이들이 흑흑 울기도 했으나 나는 얼굴을 쳐들고 그 손바닥을 다 견뎌냈다.

'눈물아, 너 나오기만 하면 눈알을 쏙… (생략).'

그렇게 마음을 독하게 먹고 홍시처럼 벌게진 얼굴로 가방을 챙기고, 신발주머니를 챙기고, 합창파일을 탁 던지고, 그리고 나는 패장처럼 결연하게 음악실을 나왔다.

그날로부터 사흘 동안 나는 학교에 나가지 못했다. 고열로 앓았다. 늙은 어머니를 대신해 나보다 더 성미 급한 둘째 언니가 학교로 가서 선생님께 따졌다고 한다. 그리고 나서 집에 돌아와 보고

하는 말 중,

"자기도 흥분해서 실수를 한 거라고 하대. 그런데 막둥이 저게 중학교 때부터 아끼는 제자였다는구만…. 다른 애도 아닌 믿고 있던 학생이 그래서 너무나 더 화가 났다는 거시야…."

"아끼는 제자…."

이 한마디에 울 어머니가 감동 먹어서 나를 엄청 더 꾸짖고 사흘 만에 나는 아직도 부기가 가라앉지 않은 얼굴로 그야말로 패장처럼 학교로 돌아가야 했다.

그 일로 화해하고 어쩌고 할 사이도 없이 선생님은 대학 전임으로 가시게 되었고 선생님을 피해 숨어 다니던 나는 참으로 긴 시간 동안 허탈 상태에서 마음의 병을 앓고 또 앓았다.

어른이 되어 나도 교사가 되었을 때 '만약에 내가 가르치는 학생이 그런 행동을 보였다면?'이라고 자문하고 곧바로 "죽인다, 죽여!"라고 결론을 내린 바 있다.

오랜 후에 만나 뵌 선생님은 일신상으로도 출세하시고 가정도 복 받으셔서 행복하게 늙어 가고 있으셨다.

내가 교사라고 말씀드리자 "음악과?"라고 하시길래

"아뇨, 도덕과예요" 그랬더니 선생님이 으하하 웃으시며 내 등짝을 딱 후려 패셨다(퐁녀선생님!).

"니가? 도덕과?" 그러셨다.

아마도 그 말의 의미에는 음악을 그렇게 좋아하던 니가 어떻게 도덕과를 택했냐는 뜻이기도 했고, 또 나의 적절치 못한 행동을 아직도 기억하고 반성하라는 뜻도 들어 있지 않았나 생각한다.

이용일 선생님….

지금이라도 뺨 말고 등짝은 몇 대 맞아드리고 싶어요.

뵙고 싶습니다.

우리는 아직도 애틋하고 감상적이다

눈이 펄펄 내리는 날 경주에다 짐을 풀고 부산 바다로 갔다. 여름에는 전혀 오지 않는 부산의 바다, 인산인해의 그 더러운 바다가 아닌 청정한 겨울 바다가 가슴을 찡하게….

바다만 보면 이렇게 울적하고 멜랑코리하다.

바닷가에서 자라고, 헤엄치고, 바다를 보면서 소녀시절을 보내고, 바다 남자를 사랑했던 사람이 바다를 보며 전혀 그렇지 않다면 그게 오히려 이상한 일이겠지.

잔잔한 파도가 찰싹거리고 갈매기들이 생각에 잠겨(정말이지 그 조그만 머리를 갸웃거리며 무슨 생각을 그리도 하는지…) 모래사장에 올라와 가만히 서 있다. 내가 생각에 잠긴다고 너희들도 그러는구나. 예쁜 것들….

갈매기들은 사람을 두려워하지는 않았다. 너무나 사람들에 치댓겨 살아왔기 때문일 거다.

좋아하는 동요를 나는 가만히 부른다.

해 저문 바닷가에
물새 발자욱
지나가던 실바람이
어루만져요
고 발자욱 예쁘다
어루만져요

발자국을 남긴들 얼마나 오래 가랴, 다시금 금새 물결이 쓸어가는 걸. 그러나 그들은 빨갛고 가느다란 두 다리로 새침새침 걸어보기도 하고 물결이 밀려오면 종종 달아나기도 하며 그렇게 거기서 잠시 쉰다.

그런데 그들을 유심히 보다 나는 한 마리의 어린 갈매기가 다리가 하나밖에 없다는 걸 알게 되었다. 그 녀석은 물결을 피해 움직일 때도 한 쪽 다리로만 종종거렸다.

"어마, 쟤는 외다리네…."

내가 말하자 남편도 "어이구, 정말 그렇네" 한다.

그렇게 둘이서 그 장애갈매기를 측은히 바라보며 그 녀석도 잘

날을 수 있는지 다른 갈매기들처럼 솨악 비상하여 날아오를 수 있는지 근심이 되어 30여 분을 그냥 거기 서서 작은 갈매기의 움직임만 주시했다. 정말 그 녀석은 그동안 움직이지도 않고 날아오르지도 않았다.

이즈음엔 왜 이렇게 작은 생명체들이 가여운지 모르겠다. 인간의 장애도 서럽거늘 말 못하는 것들도 살아가기 얼마나 어려울까. 왕따나 당하지 않을까.

내 별명이 괜스레 기우부인(杞憂婦人)이랴!

남편도 나와 동감인지 애석하다는 듯 "저거, 살아가는 게 힘들거야, 엉."

"그러게…."

그 순간 남편이 환호(?)성을 질렀다.

"있다! 있어. 다리 하나 또 있다!"

꼼작도 하지 않고 있던 작은 갈매기가 어느 순간 어디에 감춰놓았는지 놀랍게도 가느다란 또 하나의 다리를 모래 위에 살짝 내려놓았던 것이다.

참 이상도 하지. 어떻게 그렇게 기쁠 수가 있을까. 사람도 아니고 하찮은 갈매기 한 마리 거동에 은발이 다 된 남편과 내가 어린아이처럼 박수를 짝짝 치며 그 낯선 바닷가에서 좋아 죽는다니….

그 순간에는 나의 깊디깊은 시름도 사라지고, 곧 떠나야 할 비행기 여행에의 공포도 사라지고, 오로지 그 자그마한 다리로 모래톱을 딛고 서 있는 새 한 마리로 인하여 잠깐의 묵상에 사로잡히고 가톨릭교도처럼 성호를 긋게 되었다.

이것이 삶이라고 하나보다.

그렇다. 때 아닌 슬픔이 다가올 때 또한 때 아닌 기쁨도 다가오고 있다는 점을 알아야 한다. 원망이 있으면 용서도 따라온다.

진부한 말이겠지만 하나님은 한쪽 창문을 닫으시면 다른 쪽 창문을 열어주신다고 하지 않는가.

우리는 아직도 애틋하고 감상적이다.

빈 뜰에 놀다 간 아이들

장다리 꽃 무성한 뒷밭에서
장다리 꽃잎 씹어 먹던 아이들
노란 장다리 빛에 눈이 부시다고
조그만 손으로 두 눈을 가리던 아이
무서움이 많아도 혼자 놀던 아이

그래도 행복한 추억
다홍색 치마에 연둣빛 저고리
추석빔이라곤 처음이었던 그 화사한 야망의 빛
그때야 야망이 무엇인들 알았겠느냐만
분명히 가슴속에 솟아오르던 불씨
분명히 기억되는 젖먹이의 공포

비어 있는 뜰….

오늘은 드라이브.

아침 영어수업이 끝나면 아무 것도 하지 않아도 되는 날이니까 다른 곳은 길이 막히고 역시 달릴 수 있는 곳은 별내리.

햇살 좋은 4월인데 아직 꽃소식이 드물다.

개나리가 조금, 진달래가 한 무리, 그리고 아직도 앙상한 나무들…. 아, 그러나 음악이 좋다.

라디오 클래식 DJ들의 18번 '바흐의 무반주 첼로모음곡'.

처음에는 싫다가 점점 좋아지는 것이 이 곡의 묘미.

급정거하는 바람에 종이 가방들이 우수수, 배고프면 먹으려던 오래된 인절미가 우르르. 내 입에서 아, X발.

저만치 카페 '미완성'이 대문짝만하게 간판을 달고 여전히 서 있다. 무슨 센스가 저 모양인지. 슈베르트 정도라면 간판이 저래선 안 되지.

돌아오는 길에 봐라, 어김없다. 혼자 생각하다 보면 엄마 생각이 꼭 난다. 눈물나고 싶으면 엄마 생각하면 된다.

엄마는 나를 너무나 잘 알고 또 전혀 모른다. 한번은 내가,

"엄마, 나 수녀 될까?"

느닷없이 그랬더니 잠깐 생각하시다가 고개를 저으며,

"니가? 니는 안 된다. 연하라면 몰라도…."

연하는 내 손위 언니. 그야말로 나하고는 자매라고 할 어떤 겨

를도 없어 보인다. 그러나 눈썰미 있는 사람은 "아냐, 어딘가 비슷해. 어딘가" 그렇게 말한다.

듀엣으로 아름다운 노래를 불러서 초대받는 가수였던 우리들의 소녀시절은 가고, 어머니도 가시고, 이제 언젠가는 언니도 나도 모두 그 고운 꽃이 떨어져서 죽는 것처럼 우리 또한 죽어 땅에 묻히리('아, 목동들'의 가사 중).

너무 사색적이라고 하기에는 좀더 우울하고, 우울하다 하기에는 너무나 뜨거운 가슴. 누가 날더러 우울한 사람이라 하겠느냐.

나는 웃기를 너무 좋아하고 누가 웃기면 책상을 치며 웃는다. 내가 웃기기로 작정하면 다들 배꼽을 잡는다. 유독 내가 싫어서(아마 좀 비뚤어졌겠지) 얄미워하는 사람 빼고.

그러나 나는 불행하다. 무엇 때문에? 내 마음에 들지 않는 환경과 사건이 일어나면 기차화통을 삶아 먹은 듯 소리 지르고 때론 부순다. 대개 사랑해야 할 나의 남편 때문에 혹은 그를 빙자해서 일어나는 증상.

오늘 밤도 별은 스치우지도 않고 너무나 불행하다. 그런데 그를 갈구는 것은 아마도 계란으로 바위 치는 것과 같을 것이다. 그는 꿈적도 않는다. 절대로 상처를 받지 않는다. 신의 축복인지 저주인지 그건 모르겠다.

아니에요.

나는 행복해요.

얼마나 행복하다구요.

애들은 잘생기고 예쁘고 유능하고요.

나는 예순이지만 아직도 볼 만 하대요.

남편은 되게 착하거든요.

아, 이 말은 진실이며 또 거짓말이에요.

옛날에 기차역에서 헤어지는 연인들이 있었어요.

여자는 떠나야 해서 기차 위에 물끄러미 서 있고 남자는 묵묵히 땅을 내려다보고 있었어요. 철길 옆에는 푸른 바다가 뒤척이고 햇살이 관능적으로 물결을 반짝이게 했어요. 기적이 울리고 차장이 깃발을 높게 들자 기차가 조용히 움직이기 시작했어요.

남자가 그때서야 눈을 들어 기차 위의 여자를 바라봐요. 그런데 아무도 믿을 수 없게도 남자는 어느 서반아 혼혈인처럼 깊고 쏘는 듯한 아름다운 눈을 가지고 있었어요. 자기 자신은 그런 줄 꿈에도 몰랐지만.

그래서 천천히 떠나는 기차 위의 여자를 마치 쏘아보듯 깊게 바라봐 여자는 그 눈빛 때문에 한평생 행복했기도 했고 불행하기도 했지요. 왜냐하면 잊을 수가 없었기 때문이겠죠.

기차는 바다 뒤로 숨어버리고 남자는 호주머니에 손을 집어넣고 입술을 꾹 다물고 걸어갔겠죠.

여자는 백 리의 거리를 눈물을 흘리며 꼼작도 없이 그 자리에서 있었어요. 지나다니던 차장이 혹시나 자살할 여자인가 힐끔거리다가 좌석에 앉으라고 권유해서 여자는 운 좋게도 창문이 넓은 자리로 돌아가서 그리고 또 한없이 울었어요.

뭐 옛날이야기니까 누구든 한번은 이렇게 느꼈겠지요. 세월이 이렇게 스르륵 내 주머니에서 빠져나가 버릴 줄은 난 정말 몰랐었네요.

〈소월의 시〉

산산이 부서진 이름이여!
허공중에 헤어진 이름이여!
불러도 주인 없는 이름이여!
부르다가 내가 죽을 이름이여!

심중에 남아 있는 말 한마디는
끝끝내 마저 하지 못하였구나
사랑하던 그 사람이여
사랑하던 그 사람이여

붉은 해는 서산에 걸리었다
사슴의 무리도 슬피 운다
떨어져 나가 앉은 산 위에서
나는 그대의 이름을 부르노라
설움에 겹도록 부르노라
설움에 겹도록 부르노라
부르는 소리는 비껴가지만
하늘과 땅 사이가 너무 넓구나

선 채로 이 자리에 돌이 되어도
부르다가 내가 죽을 이름이여!
사랑하던 그 사람이여!
사랑하던 그 사람이여!

오래된 기억에 의해서인지 정확하지는 않다.

그러나 그러든 말든 '부르다가 내가 죽을 이름이여!'라고?

정말이지 소월은 다시 태어나도 소월일 것이다.

창 밖의 목련은 이미 땅에다 잎을 뚝뚝 떨어뜨리고 있고 산수유는 져버리고 진달래가 봉우리 진다.

아, 너 겸손한 봄아.

강아지 만돌이가 꽃잎을 뜯어 먹었다.

'배재코랄'이라는 남성합창단의 콘서트로 저녁예배를 대신했다. 정훈희가 부른 '꽃밭에서'를 편곡해서 부른 곡이 제일 아름다웠다.

마음이 서글프고 어둔 때….

슈베르트의 '음악에'라는 곡의 가사가 잠깐 생각이 난다.

아름다웠던 시절아. 나는 울고 싶다. 너무 아름다워서….

3장
누군들 첫사랑이 없겠느냐만...

날아가거라, 꽃잎
그대 있는 곳으로 급히 날아가
내가 여기 있다고 전하려무나

사랑은 아름다워라

인터넷 창에 바다를 띄워 놓았습니다. 열린 창문으로 잔잔한 바다가 펼쳐 있습니다. 한때는 파도가 치는 저 먼 태평양을 올려놓고 하릴없이 바라보곤 했지요. 미친 듯 자동차를 몰고 바다를 찾아 달려갔던 일은 아직도 끝나지 않고 있습니다.

새삼스레 이 나이에 연서(戀書)를 쓰다니 나도 참 갈 때가 다 되었나 봅니다.

모윤숙 선생의 〈렌의 애가〉를 밤새워 읽던 때가 어제 같건만….
시몬을 덩달아 그리워하던 마음이 아직도 시리도록 느껴져 견딜 수 없이 황량한 날엔 이렇게 그대에게 편지를 씁니다.

그대가 혹 아직 그곳에 머무른다고 믿고서 그곳을 절대로 떠나지 않으리라는 무슨 헛된 믿음이 있기에 나도 그곳으로 돌아가리라는 마음을 몇 십 년이나 품고 있을까요.

옛과 달라진 부둣가에 서서 갯내음 속에서 풍어하여 거칠고 호기롭던 그 남정네들은 다 어디로 갔을까요. 밤바다에 등불이 흘러 바알간 눈물처럼 물 위에 고요히 흔들리던 아름다운 것들은 어디로 갔을까요. 살림이 따스워 한 잔씩 걸치고 어깨 겨뤄 끼고 다정한 욕설을 주고받으며 집으로 돌아가던 어부들은 보이지도 않는군요.

살기가 척박해서 시선이 거칠어진 저 나그네 같은 사람들…. 항구가 쓰러져 가네요.

꽃바람이 붑니다. 그러나 제 아무리 북풍이 분다한들 오는 봄은 꼭 오겠지요.

봄비에 벚꽃 잎이 사르르 내 창을 덮으면 나는 자동차를 바람에 맡기고 쏜살같이 달려갑니다. 이파리들이 화라락 흩어져 날아가고 메마른 가슴에 비로소 물기가 번집니다.

아아, 너무나 살고 싶은… 사랑에 다시 빠지고 싶은, 그러나 도저히 불가능해진 그 모든 것들 때문에 절망에 사로잡힙니다.

그대가 그곳을 이미 오래전에 떠났다는 사실을 몰랐을 때는 거리를 걸을 때도 가슴이 두근거렸고, 그대의 배 영랑호가 부두에서 깃발을 날리고 있을 건만 같아 초라한 부두 곁을 걸어가면서도 그 초라함도 눈에 들어서질 않더니, 그대가 이미 그곳을 떠났다는 사실을 전해 듣고 나서는 그곳은 아무 의미가 없는 죽어가는 항구일 뿐입니다. 아마도 다시는 그곳에 가지 않을지도 모르겠습니다.

겨울마다 가슴을 두근거리며 찾아가서 혹여 그곳 거리 어느 찻집 혹은 부둣가에서 그대를 만날 수 있을까…라는 기대로 인하여 그곳은 더없이 낭만적이고 관능적인 곳이었습니다.

김춘수 님의 시가 생각납니다.

그대가 거기 있으므로 그곳에 가려함이니, 어느 날 문득 그대는 이미 떠나고 그곳에 없다는 사실을 알고부터 그곳은 한갓 남루한 항구에 불과한 곳일 뿐.

첫사랑에 대한 환상은 그 누구나 가슴에 품고 있겠지요. 실제보다 아름답게, 실제보다 드라마틱하게, 그리고 무엇으로도 그 그리움은 막을 수 없게….

언젠가 친구 하나가 술 한 잔 마시고 바알개진 얼굴로 "에잇 만나버릴 거야! 그리고 실망해 버리고 이넘의 가슴 좀 닫아버릴 거야…"라고 넋두리를 했습니다. 그러지 말라고, 가슴에 그리움 하나 간직하지 못하고 살아 무엇하느냐고 나도 함께 주정을 했죠.

오늘 잠깐 어떤 깨달음이 있었습니다.

그대를 이 땅 이곳저곳에서 찾으려 애를 쓴다는 것은 바보 같은 일입니다. 왜냐하면 그대가 오늘날 이 질퍽하고 남루한 땅에 발을 붙이고 살고 있다면 이미 옛날의 그대가 아닐 것이며, 내가 사랑하던 그 모든 것들을 지니고 있을 리가 없습니다. 그러므로 고향엘 간들 무슨 소용이며 K시 어딘가를 헤맨다는 것은 더욱 바보 천치 같은 일이라는 생각이 들었습니다.

그대는 수염이 하얗게 변해 주름진 얼굴이 해풍에 검붉게 익더라도 저 어디 먼 바다 위에서, 낯선 땅에서 입을 꽉 다물고 인생을 쏘아보면서 젊은 날 한때를 가끔 돌이켜 보아주면 좋겠습니다.

꿈이 사라지고 아니 꿈꾸어 보았자 어디 쓸모가 있으며, 이제 져가는 황혼이나마 평안히 바라볼 수 있어야겠는데, 이렇게 마음이 불편하고 이유 없이 화가 나고 잠을 자지 못하며 죽음에 대해서도 두려워서 쩔쩔매다니 이건 정말 너무하다고 봅니다.

그러나 아침에 뒤늦게 잠든 사이 라디오 음악이 귀에 들렸는지 너무나 찬란한 어떤 꿈을 꾸었답니다. 실로 악몽을 꾸기 시작한 십 년 이래 이토록 무언지 모를 찬란한 꿈은 처음이었습니다.

그 내용은 생각나지도 않으나 내 곁에 그리운 그 누군가가 있었고 나는 다 잃어버린 아름다움을 가진 존재로서 가슴 설레는 어떤 행사에 참석한 그런 꿈이었어요.

아니, 혹시 그것은 내가 천당엘 간 것일까요?

시시한 일상들에 의해서도 상처를 받아요.

나이 들어서 더 그렇게 되는 것인지…. 나잇값을 한다고 하는 일이 어찌 나에게는 이렇게 어려운지….

어디에 있을까…. 나는 생각합니다.

차라리 죽었다고 하면 나의 추억이나 아름답지요.

저 심해에, 시퍼런 바다 속 이름도 알 수 없는 물고기가 몸을 뒤틀며 신음하는 것 같은 그런 때에, 어찌 그대 혼자 쓸쓸히 바다로 보낼 수 있었을까요.

숲이 좋은 우이동 호텔에서 혼자 4박 5일을 지냈습니다.

나도 이제는 늙어져 오히려 속 편하고 무섬도 없었어요. 어차피 혼자된다는 것 아니겠어요. 밤이면 잠 못 들고 괴로워하느니 한 줌의 약을 꿀꺽 넘기고 이부자리 속으로 기어 들어가면 끝입니다.

이곳은 이부자리가 깨끗해서 자주 오는 곳이죠. 아침엔 새소리를 듣고 깨어납니다.

이곳이 어디인가, 나는 누구인가를 파악하기 위해 조금의 시간이 필요해요.

로버트 프로스트의 시 '가지 않은 길'을 소리 내어 외어봅니다.

당신은 나에게 가지 않은 길입니까….

늙어 은발이 다 되어도 가슴을 설레게 해줄 것 같은 생각이 틀린 것일까요?

오랜 가뭄 끝에 비가 조금 내립니다.

이제 곧 벚꽃이 삽시간에 피고 그리고 어느 바람 불고 비 오는 봄밤에 산란히 져내려 내 자동차의 보닛을 뒤덮겠지요. 내 차가 달리면 그 꽃잎들은 분분 날아가지요.

날아가거라, 꽃잎. 그대 있는 곳으로 급히 날아가 내가 여기 있다고 전하려무나.

어제는 여러 가지 일이 꼬여서 해가 뉘엿뉘엿 저물어 가는 북쪽을 향해서 자동차를 몰아가다가 문득 이것이 인생이로구나 하고 생각했습니다.

해는 어두워지고 내가 가는 길은 낯선 곳이며 그리고 거기에 나를 기다리는 사람은 아무도 없다는 사실에 새삼스레 가슴 철렁했습니다. 그러나 한편으론 이렇게나마 용기를 내고 있는 스스로가 대견하기도 했습니다.

이곳에 라일락이 피면 한번 더 가출을 시도해야겠어요.

어제 잠깐 생각이 떠올랐는데 그대는 아마도 다시 배를 타고 먼 바다로 나갔을지도 모른다라는 생각을 했습니다.

예배 반주를 맡고 있는 교회의 나이든 노인께서 다시 배를 타고 태평양 쪽으로 나간다는 광고를 들어서일지요. 그 노인의 큰 몸집과 강건한 모습이 마치 〈노인과 바다〉를 연상하게 하더군요.

그새 목련이 피었다 졌어요.

겨울이면 며칠씩 Y의 거리를 걸으며 바람 속에 섞여 그대의 체취가 내 곁으로 다가오는 듯한 그 허상의 느낌마저도 이제는 흉내낼 수 없군요.

무정한 세월은 어쩌면 저렇게 말발굽 굴리듯 난폭하고 쏜살같이 달려가는 걸까요? 도대체 어디로 가는 것일까요.

어디서인지 탱고가 들려옵니다.

꽤 많은 날들이 소리도 없이 흘러갔군요.

그대 소식을 듣는다는 것은 더 가슴 아픈 일일지도 모르겠다고. 그대가 이 뭍에서 물 없이 숨이 넘어가는 이름 모를 심해의 물고기처럼 퍼덕거리며 살고 있다면 말이죠.

바다로 가세요, 바다로.

'빛나는 꿈의 계절, 눈물 어린 무지개 계절'은 이미 가고 오월이 거만하게 서 있습니다.

이 한없는 기계의 시대를 한숨 속에 보내고 있어요.

…….

할 말이 있을 리가 있나요. 어차피 말로 되는 일이 아닌 것을.

아직도 아름다워요. 무엇이? 모든 것이 다요. 그러나 또한 모든 것이 다 미워요. 이 모순을 견디기가 힘든 거예요.

그대는 육지에선 숨을 못 쉬는 커다란 물고기 같은 사람이란 말입니다.

〈아름다운 인생〉이라는 영화가 좋은 영화라 그래도 너무 고통스러울 것 같아 일부러 보지 않았는데 우연히 케이블에서 방영하고 있어 마음잡고 보기 시작했죠. 물론 눈물겨웠죠.

그런데 음악실에 몰래 들어가 자기 아내에게 프러포즈할 때 들려주었던 음악을 트는 장면이 있었는데 그 음악이 호프만의 '뱃노래' 중 여성 듀엣이었어요. 소녀시절 언니하고 둘이서 나는 소프라노 언니는 알토 이렇게 부르곤 했던 노래입니다. 얼마나 아름다운지… 얼마나 슬픈지….

도대체 나의 이러한 감정의 기복을 어떻게 누구하고 나누어야 할지 나의 사는 환경이 너무나 삭막하고 어지러워요.

내 이야기를 그 누가 들어 주나요.

봄이 오는 둥 마는 둥 가버리는가 봅니다.

흐린 날씨, 부는 바람 속에서 골똘해집니다.

이제 이 직장도 정말로 그만두고 남아 있는 날들을 다른 방법,

다른 마음으로 살아가는 훈련을 하다가 이 세상을 뜨겠지요.

딸아이의 졸업식이 있어 샌프란시스코로 갔다가 라스베가스로 해서 로스앤젤레스, 거기서 한국으로 돌아오는 계획이 잡혀 있는데 나는 정말로 비행공포증 때문에 무서워서 가슴이 떨려요. 많이 더 살고 싶어서가 아니라 이 알 수 없는 재앙적 사고(思考) 때문이기에 아무도 이해를 못한답니다.

무슨 핑계를 댈 게 있으면 핑계 대고 안 가고도 싶어요.

5월의 편지

휴무가 많은 달인데 쉬고 나서 꼭 여기저기 아픕니다.

봄은 거의 느껴보지도 못하고 이제 여름이 품 안에 달려들겠지요.

나이 들면서 봄이 가는 게 어찌나 아깝고 또한 불안한지….

왜 이러는지….

소식 좀 주세요.

바람결에라도 한 소식 듣는다면 이 몸살이 풀릴는지요.

어제는 장맛비처럼 소나기가 내렸습니다.

아침 출근길 라디오에서 〈희랍인 조르바〉를 쓴 니코스 카잔차키스에 대한 일화를 소개하더군요.

"사람들은 모두 어느 한 면 바보 같은 데가 있다. 그렇다고 바보는 아닌데 그러면 누가 바보인가? 바보 같은 점이 없는 사람이 있다면 그 사람이 바보일 것이다."

죽음을 두려워하지도 않고 술과 춤과 여자를 열렬히 사랑하다 죽은 희랍인 조르바.

진정한 자유인이라고 하더군요.

나도 할 수만 있다면 그렇게 되고 싶어요!

이 강박의 사슬을 어머니의 탯줄을 끊듯이… 이빨로 물어 끊고 그리하여 자유를 향해 유영을 하고 싶어요.

그래요.

세월은 가요.

어김없이 가는 거죠.

나 하나 서럽다고 자기가 멈추지는 않겠죠.

슈만의 '유랑의 무리'라는 합창곡을 들었습니다.

여고 때 합창반에서 열심히 불렀던 그리고 거기 나오는 메조소프라노 솔로를 맡았던 추억은 황금같이 영원히 뇌리에 남아있어요. 잊을 수 없어요. 잊지 않겠어요. 다시 돌아갈 수 있다면 악마에게 영혼을 팔겠어요.

세속에 대한 미움으로 마음이 지옥 같습니다.

누군들 이렇게 부대끼는 마음을 위로하겠습니니까?

사는 게 이렇게 고달프다 하고 스스로 치유해 나아갈 뿐이죠.

샌프란시스코엔 아마도 가지 못할 것 같아요. 그래도 행여… 하고 교장의 재가를 기다렸는데 원칙적으로 안 된다는 말만 녹음기처럼 되풀이하는군요.

정말 싫어요. 조그마한 권력 하나를 그렇게 전가의 보도(寶刀)처럼 휘두르다니…. 구겨지고 짓밟히고 찌그러드는 자존심은 나이가 더할수록 심해지는군요.

다만 한 가지 소원이 있다면 그리운 그 바닷가에 서서 밤바다에 출렁이는 그대의 배 영랑을 바라보고 싶어요.

은발 다 된 그대가 호롱불을 들고 거기 서 있다면…. 파도가 부서지고 그리고 이 마음도 부서져 파도와 함께 영원히 바다를 떠돌 거예요.

좀 행복한 생각을 해야 되겠어요.

여고 1학년 때 하굣길.

바다가 보이던 교정(校庭), 흰빛 낡은 목재로 지어진 교사(校舍), 사향나무 향기와 그 이파리, 무리지어 까르르 웃음을 터트리며 집으로 돌아가는 흰빛 교복의 여학생들….

웬일인지 나는 혼자입니다. 그날따라 친한 친구가 어디로 갔는지 나는 혼자 집으로 돌아갑니다.

아카시아 꽃나무가 우르르 피어 있는 자그마한 산언덕 그 숲

속에서 누군가 노래를 부르는 소리가 들립니다.

'사랑하는 니나'라는 곡입니다.

가사가 좀 슬픈데… 변성기를 지난 어른의 목소리 같기도 하고 아직 소년의 티가 배어 있기도 한 그런 목소리로 천천히 부릅니다.

> 불 밝던 창에 어둠 가득 찼네
> 내 사랑 니나 병든 그때부터…
> 그의 언니 울며 내게 전한 말은
> 내 니나 죽어 땅에 장사한 것
> 밤마다 홀로 울던 그는 지금
> 뭇 주검 함께 고이 단잠 자네
> 뭇 주검 함께 고이 단잠 자네.

아마도 이런 가사여서 이상히 여기기도 했지만 그 노래가 나를 위한 그대 영혼의 진혼곡인 줄은 까맣게 몰랐죠. 그대의 노래 잘하는 친구인 윤오가 그대의 청을 받아 그렇게 불렀다는 이야기는 나중에야 알았지요.

나는 무지하고 순수하고 열정적이고 차가왔어요.

육피에 더덕더덕 붙은 모든 욕망들을 씻어내고 그 시절처럼 마알간 몸과 마음으로 생긋 웃으며 한번만 보고 싶어요.

나그네 되어

뉴욕에 왔어요.

비행에 대한 심한 공포만 아니라면 나는 아마도 집시 여자가 되었을 것입니다.

복잡하고 바쁜 곳이군요.

납작한 구두나 운동화를 신은 여인들이 무엇을 위하여 저리도 바지런히 걸어가는 것일까요?

굽이 높은 연분홍 비단구두가 발을 몹시 불편하게 합니다.

이리저리 걷다가 어딘가에 걸터앉아 아무리 생각해도 해답이 없는 생각에 잠깁니다.

이 거리에 앉아 있다가 그대를 만난다면?

답이 없는 간절한 소망을 가져봅니다.

〈오페라의 유령〉이라는 그 유명한 브로드웨이의 오페라를 보았어요. 그러나 아무래도 나에게는 구식 오페라, 아니 정통 오페라가 맞는 것 같습니다.

밤늦은 시간에도 그렇게 자리가 꽉 찰 정도로 관람객이 많다는 것은 역시 뉴욕다운 겁니다.

베가본드(Vagabond)의 무리…. 그들 틈에 섞여 더듬더듬 앞으로 걸어갑니다.

오래 못 있고 다시 한국으로 돌아왔지만 돌아온 이곳은 여전히 내가 떠날 때와 조금도 달라지지 않았습니다.

마음이 텅 비어 있습니다.

통영을 가볼까, 마산으로 가볼까, 정선은 어떨까.

물론 그곳엔 지인이 아무도 없어요.

낯선 곳을 떠돌아 다녀보는 것이 그나마 남은 꿈이랍니다. 그러나 떠돌아다니라고 길을 열어줘도 그 길을 혼자 가지 못하는 유약함 때문에 그러지도 못할 것이라는 걸 또한 알고 있습니다.

소녀 적에 그대와 함께 누군가를 방문하고 돌아오던 길, 지름길로 들어섰더니 커다란 동굴이 가로 막고 있었죠.

"나, 무서워…" 나는 뒷걸음질을 하며 말했죠?

그대가 빙그레 웃으며 "내가 있어도 무서워?" 그러며 내 손을 단단히 붙잡아 주던 기억이 납니다.

이제는 길을 잃어 무서워도 그때처럼 단단히 손을 잡아 줄 사람이 없군요.

자동차를 운전하면서도 하염없이 길을 잃고 이리저리 헤맨 적이 한두 번이 아니거든요. 길눈이 어둡다… 이런 말을 절감합니다. 오늘은 서초동을 헤매고 그곳을 빠져나와 이촌동을 헤매다가 다시 반포대교를 건너가는 길을 용케 발견해서 빙 돌아왔습니다.

옛 친구들과 오랜만에 만나서 웃고 떠들었지만 마음속에 깊은 공허, 그리고 나나 그들이 아직 쏘아버리지 못한 화살촉들을 지니고 있음을 느낍니다.

그야말로 회무침 맵게 반주해서 소주나 함께 마시면서 이 마음들을 토로하고자 하나, 옛 정인은 어디로 가고 초라한 뭍을 주머니에 손 넣고 터벅터벅 돌아다니는지 도무지 마음이 써늘합니다.

속 차리기엔 이미 늦은 것 같지요.

어느 세월에 가버린 세월을 다시 잡아 내 가슴속에 잡아 매어둔단 말입니까?

8시 30분에 1시간 영어회화를 배우고, 화요일엔 한국무용을 배우고 장고연습을, 수요일은 아침시간이 너무 많이 남아 항상 잠속에 빠져듭니다. 목요일엔 영어회화 끝나면 댄스를 배우러 갑니다. 이제 자이브 초보 레벨이지만 이것들을 배우고 익히지 못해 사실 맹탕이죠.

우리시대는 지금의 여러 것들을 배울 기회가 널려 있지 않았죠. 다행이 나는 목소리가 예뻐서 중학교 때까지는 노래 잘 부르는 애라고 불리웠지만 변성기는 그 명예조차 사라지게 했어요.

아무것도 이룬 것이 없다니…. 이제 얼마나 살아남을지, 어떻게 죽는 것이 가장 평화로운가 근심 중에 있을 나이에 이런 쓰잘대기 없는 이야기는 지루하죠? 나도 지루해요. 그래도 끝까지 미소를 띠고 들어줄 사람은 그대뿐이리라는 확신이 있어요.

먼 바다 해풍 속에서 머리카락을 날리며 그물을 던지고나 있으면 좋으련만!

이즈음은 보통 오늘이 며칠인지 무슨 요일인지 모르고 지납니다. 알 필요도 별로 없습니다.

이제는 마음이 아프지도 않고 그리움이 한바탕 파도치지도 않습니다. 그러기로 작정을 하니 그렇게 됩니다.

에릭 클랩튼의 노래 'Beautiful night'를 그의 쓸쓸한 목소리로, 수염을 기른 중년의 미소로, 그의 신비스러운 기타연주로 듣고 보았습니다. 비록 케이블 방송이지만… 그 노래의 쓸쓸함은 아는 사람만 느끼는 것일까요.

아름답게 차려 사람들의 눈을 사로잡는 자기 연인을 보며 알 수 없는 쓸쓸함에 사로잡힌 남자의 한숨소리가, 그가 피우는 담배의 가느다란 연기가 눈에 보이는 듯합니다.

만약에… 그의 라이브 콘서트에 그대와 함께 가서 맨 앞 좋은 자리에 앉아서 박수 치고 소리치고 눈물을 흘릴 수 있다면…!

이제는 돌아와 거울 앞에 서고도 서고도 또 서고도 남아야 할 이때에… 나는 이제 입을 삐죽이고 설움 타는 아이처럼 살고 있습니다.

또 한번의 봄이 그 아득하고 메말라 보이는 흙과 나무들에서 여리고 아픈 싹 틔울 준비를 하느라 향그럽고 촉촉한 물기를 머금고 있었습니다.

친구를 기다리느라 아파트 벤치에 잠깐 앉아 있는데 어떤 여자가 나를 들여다보면서 화장품을 바꾸면 원래의 진짜 아름다움을 나타낼 수 있다고 조르고 졸라 전화번호를 적었어요.

좀 이상한 날이죠.

봄에는 마음이 설레고 별일 아닌데도 자꾸 귓가에 맴도는 말들이 있어요.

진짜의 아름다움이란 도대체 무엇일까요.

이런 땐 저벅저벅 나를 향해 다가오는 님의 발자국 소리를 들으며 밤을 새워 귀를 기울이고 싶습니다.

봄이 익느라 가슴을 저리는 소리가 들리고 흙이 조금씩 무너집니다.

무용 선생의 말이 '여자는 화냥기가 있어야 하고 남자는 바람기가 있어야 한다'랍니다.

일리가 있는 것 같아요.

나는 오늘로 그대를 스페인으로 보내버렸습니다. 그러나 그대의 아름다운 눈빛까지야 설마 보낼 수가 있겠습니까?

인생은 슬픕니다.

인생은 농염합니다.

인생은 질투합니다.

그리고 인생은 예쁩니다.

비가 드디어 내립니다.

봄비일 텐데 마치 가을비 같습니다.

고향에 갔었습니다.

항구의 자그마한 주막에 앉아 술을 마시며 그대를 그리워했습니다. 이 나이에도 그리움에 가슴이 메입니다. 더욱 절실히….

나는 그대를 스페인으로 보내버리고, 그리고 스페인 여인과 결혼하여 아들을 둘 키우고, 아직도 먼 바다로 고기를 잡으러 헤매고 있다고 결정지었습니다.

5월이 갑니다.

꽃들이 바람기를 풍기는 소녀처럼 몸을 비트는데 갑자기 우박이 쏟아지고 바람이 불어대지만 그래도 봄 냄새가 납니다.

아, 꽃 물드는 가슴….

목련이 뚝뚝 져버리면 가버린 봄의 치맛단을 잡고 훌쩍거리기나 할까요?

그러면 그대여, 멀리 떠나 이름 모를 항구에서 배를 타시오.

이름 모를 항구에서 배를 타고 있을 거라고 믿어요.

조금 넓은 뜨락이 있으면 작은 음악회를 열고 싶습니다.

그 누구든 인생에 잊지 못할 사랑을 해본 사람이라면 눈물짓지 않고서는 배길 수 없게 '개여울'도 부르고 '가고파'도 부르고 또 슈베르트의 '연가'도 부르겠어요.

나도 부르고, 너도 부르고, 희경이도 부르고, 영희도, 경혜도 부를 것입니다.

오늘 문득 사진첩을 뒤적이다 보니 빨간 바바리를 입고 입가에 미소를 짓고 슬쩍 옆으로 돌아보는데 마침 바람이 내 머리를 날리고 바다가 뒤에서 푸른 그런 사진이 한 장 들어 있었습니다. 내가 봐도 아름다웠습니다.

언제 누가 무얼 하다가 찍었는지….

이런 느닷없는 것이 진짜의 아름다움일까요?

누가 이런 사람 보았오?

푸르른 빛을 품은 바다 같은 눈빛에 싱긋 웃는 입매를, 호주머니에 손을 넣고 깡패처럼 걷는 사람…, 마음이 한없이 넓은 사람, 평생 이렇게 연가를 부르게 하는 사람, 그런 사람 본 적 있습니까?

그래도 내가 행복한 것은 이렇게 소리 높여 연가를 부를 수 있는 자유로움 때문이겠지요.

괴테가 일흔두 살에 울리케(레베초라는 친구의 손녀가 모델이랍니다)를 사랑한 것은 절대로 망령이 아니었고 그의 자유로운 영혼 때문이라고 말하고 싶어요.

'그러면 그대여 안녕!'

이름 높은 시인의 시구를 나도 한번 적어봅니다.

그러면 그대여 안녕이라고….

〈소설〉

4장
눈 내리는 숲

눈 쌓인 자작나무숲은
눈의 무게로 인하여 조금씩 신음했지만
늙은 자작나무의 신호에 따라…

눈 내리는 숲

- 클리블랜드, 70E 빈센트로드, 13애비뉴

2주일 동안 눈과 바람이 합쳐져 먼지처럼 도시를 휩쓸었다. 이 도시의 진기록일지도 몰라 여기 써두었다.

한국을 떠나오면서부터 이번 여행이 이제 나의 남아있는 날들의 마지막 긴 여행이 되겠지라고 생각했다.

아이들에게는 LA의 성희에게 가서 좀 있다 오겠다고 했더니 별 신경 안 쓰는 눈치이다. 그야 내가 항상 큰소리를 탕탕 치면서 살아왔기 때문인지도 모른다.

착한 아이들이니까…. 무엇이든 잘 되어갈 것이다.

기내용 가방 하나에 양털을 탈착할 수 있는 바바리를 입으면 봄까지는 겉옷 걱정은 없고, 속옷은 세 벌씩… 모자라면 현지 조달하면 된다. 도처에 월마트, 케이마트, 좀 비싼 곳이라면 메이시백화점도 있다.

“나이 들어 이곳저곳 여행이나 다니면서…”라고들 말하지만 천만에…. 꿈도 없고 심신이 피곤해서 괴로운 길이 되기 십상이다.

그러나 우리의 젊은 날이 이국의 밤을 흥청거리며 놀게나 되었던가.

학비가 없어 불안해하고 사랑이 떠나가서 울고, 어쩌다 만나게 된 낯선 사람(연애를 수년씩 했다가 결혼한다고 낯이 익는 건 아니지만)과 결혼해서 아기 낳고, 그나마 맞벌이 놓고 싶지 않아 양육과 직업전선 사이에서 고민하고…. 아득하고 때로는 결투하듯 살아야 했다. 봉투에서 동전이 짤랑거리는 월급을 받으면 그것으로 오만가지를 다 이루고 살아야 했으니 로마니, 파리니, 캘리포니아니, 꿈꿀 겨를도 없었다.

그러나 우리는 항상 현실 속에서 앙앙거리며 살면서도 ‘이번 겨울엔 말레시아로 이번 여름은 시베리아로… 아아 지중해로…’ 하면 가슴이 녹아들 듯하고 어디든지 하여튼 사돈의 팔촌까지라도 연고가 있는 곳이라면 그곳으로의 일탈을 꿈꾸며 살았다. 그것이 우리의 산소(酸素)였다.

어찌된 운명인지 나는 심한 비행공포증을 지니고 있다. 약물치료를 받을 만큼 심했다. 그런데 팔자는 비행기를 자주 타게 된 팔자인지 한 해가 멀다 하고 여행을 나가게 된다.

물론 나도 이국의 거리 어느 커피숍에서 유리창 밖에 쌓이는 눈발을 바라보며 뜨겁고 진한 커피를 마시는 일이 좋다. 어쩌다 말이 잘 통하게 된 이방인과의 교감이 유쾌하고 상쾌하기도 하다.

진정한 여행이란 그저 패키지 따라 이리저리 옮겨만 다니는 것이 아니고 그야말로 딱 나 혼자, 아니면 남편과 둘만 말도 잘 통하지 않는 이국으로 가서 하루 이틀도 아닌 몇 달씩이나 머물다 오게 되는 일이 진정한 여행임을 나는 알고 있다.

그야말로 모순된 삶이 아니랴.

공포를 느끼니 여행이 무섭고 집에만 들어앉으려니 북해도의 눈이 그립다. 하나님도 무심하시지.

친구들도 "표 나 주라, 내 니 대신 갈께" 이런다.

주치의는(자주 가니 주치의라 하는데 이렇게 부르면 부잣집 마나님 행세하는 것 같다만) 시력이 나빠 이마를 찡그리고 내가 시름시름 말 같잖은 소리를 늘어놓으면 그래도 한참 생각하다가, 비행기는 가장 안전한 수단이다, 자동차는 어떻게 운전하느냐, 그게 제일 사고율이 높다(그건 땅에 바퀴가 네 개나 붙어 있잖아요).

배는 그럼 안전한가요? 바다에 빠지면 더 무섭지 않겠어요?(물론 깊은 해저의 정적을 생각하면 무섭다. 그러나 바다는 배의 하층부와 맞닿아 있잖은가) 그럼 그냥 여행을 하지 마실래요?(그건 나 자신이 또 용서를 못해요. 비겁하잖아요)

이쯤에서 그는 허허허 웃고 다시 찡그린 얼굴로 돌아가서 "김다애 씨는 비행이 무서운 게 아니라 죽음이 무서운 거요…" 그랬다.

그럴까…. 그러면 죽음이 무섭지 않다는 사람은 또 온전한 사람일까.

"무섭지 않다면서 왜 죽지 않으려고 그렇게들 온갖 약초까지 갈아 마시고 찧어 씹고, 몸에 좋다면 바퀴벌레라도 손바닥으로 탁 때려 먹을 것 같이 하는가. 남의 집 강아지 훔쳐가 뼈다귀까지 오독오독 씹어 푹 고아 처먹을까요. 6개월 만에 온갖 첨단의료장비로 몸속을 샅샅이 훑어보고 돌려보고 거꾸로 뒤집어보고 난리 블루스일까요?"

의사는 쓴 웃음을 지었다. 곤란한 환자다라고 생각하는 걸 나는 안다.

이번엔 클리블랜드로 왔다. 직항로가 없어서 시카고에서 갈아 탄 미(美) 국내선 스튜어디스의 피곤하고 무미건조한 안내방송을 한마디도 제대로 알아듣지 못하면서 불안감이 모락모락 일어났다.

비행기가 고도를 낮추어 서서히 착륙할 지점으로 저공비행을 할 때 얼어버린 호수 위에 길게 갈라진 틈 사이로 때맞춰 내리는 눈을 바라보며 나는 후회에 후회를 거듭했다.

용기라는 말이나 오기라는 말로도 설명할 수 없다. 무섭게 질리면서도 길을 나섰다고 누구에게 말하기도 부끄럽다.

클리블랜드엔 눈이 내리고 있었다. 황량하고 춥고 눈은 끊임없이 내렸다.

집을 구하기 전 임시로 묵고 있는 호텔은 아무런 서비스도 없고 간섭도 없으며 룸서비스도 그리고 청소해 주세요(clean up make room)라는 표찰도 없었다. 물론 방해하지 말라는 작은 표찰은 있었지만. 그래서 이틀을 청소를 못했다. 아무래도 이상해서 다른 방들을 살펴보았더니 방해하지 말라는 표찰을 거꾸로 걸어놓으면 되는 것이었다.

무지(無知)는 무엇으로도 메워지지 않는다.

아침식사는 인스턴트 곡물과 빵, 작은 사과와 우유가 제공되었는데 모든 것이 싸늘했다.

멋모르고 처음 보는 밀죽 같은 것이 오트밀인 줄 알고 퍼 와서 먹었다. 맛이 좀 이상하지만 클리블랜드에선 클리블랜드의 곡물을 먹어야 하지 않겠는가. 한 숟갈 떠보니 아주 단 당밀 같다. 알고 보니 그것은 생 호밀가루 반죽이었다. 그 반죽을 붕어빵 구이처럼 생긴 팬에다 넣고 구워 먹는 것을 생밀가루로 꾸역꾸역 먹고 있었다니…. 누굴 원망하랴?

굳은 빵을 뜯으며 창밖을 내다본다. 눈은 계속 내리고 거리엔 사람도 없다.

나의 뜻 모를 슬픔을 회복할 세월이 이제 거의 없지 않을까 초조하다. 기력은 쇠해지고 기쁨은 일찍이 떠나갔다. 오로지 다만 살아 있으려고 애를 쓸 뿐이다. 혼자 있으면 무엇이든 너무 슬퍼 눈물짓고, 누가 곁에 있으면 번거롭고 귀찮지만 내색을 아니 하고 소리 높여 웃고, 명랑하고 유머러스해서 그들에게 매력적으로 보이고자 한다.

한때 개신교에서 가톨릭으로 개종하려고 마음먹고 항상 열려있는 성당의 뜰을 걸어 들어가 성모님에게 성호를 긋고 싶었으나 뼛속 깊이 개신교에서 잔뼈가 굵어 실없는 죄책감 때문에 한번도 그러지 못했다. 그러지 못하는 비겁에 화가 났었다.

남편과의 교감도 뚝 끊어졌다. 그저 듣기 좋으라고 우리는 오래된 친구처럼이라고 서로를 표현했다.

"친구야, 밥 먹고 올 거야?"

"아니, 들어가서 먹을 건데?"

"에~이, 다른 친구들하고 먹고 들어와아…."

그를 위해, 혹은 나를 위해, 때로 자식들을 위해 음식을 조리하는 일도 너무너무 귀찮아졌다.

나를 위해 오랫동안 약물을 처방해 주는 닥터 황에겐 수치심과 감사함을 동시에 느껴 약물을 복용함으로써 나타나는 모든 부작용들을 따져볼 엄두도 내지 못했다.

사실 인간관계에 의해 상처받고 애통하고 허무하다면 좀 덜 억울할까….

설명할 길이 없어서 나는 방문을 닫아걸고 몰래 알약들을 삼켰다. 자주 자포자기하는 심정으로 약물을 남용하면서 낼 아침에 깨어나지 않아도 좋아라는 있지도 않은 배짱을 부려보기도 했다.

나는 생각에 잠겨서 먹는 일에 게으르나 어마어마한 양을(오로지 딱딱한 빵만이라도 몇 개씩) 가져와 상아질이 깨진 왼쪽 어금니를 피해 조심스레 씹는 일을 꾸준히 느리게 반복했다.

내 눈은 백내장에 걸린 것처럼 흐릿하여져서 무엇이든 둥그스름 허옇게 떠 보인다. 맞은편에 앉아 있는 남편도 더듬어 보아야 느낄 것 같다.

한번도 사랑하지 않은 사람, 사랑 따위 없어도 되는 사람, 30여 년을 동행해 온 사람과 생전 와보지도 잘 들어보지도 못한 지구 반대편(확실친 않다) 클리블랜드 컴포트 인(Comfort Inn)의 작은 식당에서 아침을 먹는다.

외로움이라는 것은 꼭 혼자 있어서 느끼는 것은 아니었다.

외로움은 두려움과 동의어라고 생각된다.

이방인들은 아무런 배려 없이 빠른 속도로 자기네 언어로 쏘아대서 나는 그 속도에 마음이 비틀거린다. 서울에서 친절하게 천천히 말해 주는 영어회화 선생 Z. Jhon과 주거니 받거니 했던 일이 정말 웃기는 일이었다.

내가 저들의 모국어를 잘하지 못한다고 자존심이 상할 일은 아니다. 그들은 나의 모국어를 입도 뻥긋 못하지 않는가. 이런 계산은 그들에게 아무 의미가 없다는 사실이 서글퍼지기도 한다.

아무리 좀 천천히 말하라고 해도 그들은 아랑곳없이 기차화통 삶아먹듯 콧김을 뿜으며 날쌔게 말한다. 정말 쌍스럽다. 그러니 모두들 여행 패턴이 패키지로 갈 수밖에 없다.

무슨 배짱인지 나는 평생 패키지는 가본 적이 없다. 이렇게 동떨어져서 다만 이것과 저것에 부딪쳐 가면서 따로 이국에 자신을 팽개치는 것이다. 남편의 취향이 그랬고 나도 그 편이 훨씬 좋았다.

내가 그렇게 행동하는 미국인들을 향해 화를 내고 자존심 상해하는 것을 남편은 참 이상하다고 말한다. 나 자신도 스스로 한심하지만 그러나 천천히 말해 주면 나도 그들에게 나의 의사를 충분히 전달할 수 있다는 것이다.

월마트의 흑인 점원이 어떤 짧은 말을 계속 묻기에 좀 천천히 말하라고 몇 번이나 요구했지만 들은 척도 안 하길래, “If I speak in my mother tongue, I can so many many so past more more past talk talk talk as like you!”라고 얼굴을 확 찌푸렸더니 그 애는 “와하하하하. 헤이, 매~앰” 하고 화를 왜 내느냐는 제스처를 썼다. 한국식 영어라도 그녀는 다 알아듣는다.

“쉬팔넌! 재랄이야.”

나는 그 순간 활짝 미소를 지으며 그녀에게 한국말로 그렇게 말해 주었다. 정식으로 얼굴을 굳히고 욕하면 걔네들도 다 알기 때문이다.

“오오캬이.”

그녀는 속없는 얼굴로 나에게 두 겹으로 싼 비닐봉지를 내밀었다. 나중에 생각해보니 그녀가 말한 건 단지 “종이봉투 주~까, 비

널봉투 주~까"였다.

누가 가라고 떠민 여행이 아니었다. 그들이 오라고 잡아끈 여행도 아니었다. 그럼에도 나는 화를 내는 일에 점점 익숙해지고 걸핏하면 화가 나고 미칠 거 같은 한심함에 혼자 발을 구르고 남편을 갈구고 거리에서 싸움도 했다.

약물처방에 문제가 있을지도 모른다. 우울증을 달래주기는 하나 마치 남성호르몬 과잉처럼 난폭해지는 것이 부작용인지도 모른다. 그러나 이 질곡에서 약물의 도움 없이 어떻게 빠져나가는지 그 방법을 모른다. 설령 안다고 해도 나의 몸은 이미 약물의 도움 없이는 그나마 맑은 기분인 척하기도 힘들어졌다.

멍하니 햇빛 쳐들어오는 식탁에 앉아 있다가 마음속에 무슨 따듯한 좋은 말이 생각나 이 글을 시작했는데 딴 말을 쓰다 보니 그것이 무엇이었는지 까맣게 잊었다.

나이 들며 두려운 증상들이 몇 개 있다. 그 중에 하나가 치매인데 이것도 그 전기 증상 아닌가… 근심이 되어, 그렇게 된다면 나는 잠잘 때 꼭 죽고 싶다. 하나님이 계시다면 꼭 다른 건 몰라도 그렇게 데려가 주세요라고 기도도 한다.

빌딩의 그림자 때문에 아침의 굳은 빵을 씹으면서도 곧 밤이 오는 것처럼 느낀다. 기쁨과 즐거움의 꿀단지는 이제 동이 나나보다. 못 견디게 허허로워서 1분이 지겹고 고단하다.

밀차를 끌고 침실을 정리하는 여인네의 숙련된 솜씨가 부럽기도 하다. 남편은 빨리 먹는 습관이 있어 이미 자리에 없다.

커피 한 잔으로 뱃속을 정리하고 청소가 다 된 방으로 돌아가 소파에 살짝 누운 게 오후로 시간이 넘어가버렸다. 아마도 시차 때문인가 원하지 않는 시간에 그 지독한 불면증에도 불구하고 수마(睡魔)가 몰려오는 것이다.

5시에 약속한 아녯을 만나러 가기 위해서 버스정류장으로 걸어가다가 아니나 다를까 얼어버린 눈길 위에 꿍 하고 엉덩방아를 찧고 말았다. 마주 오던 털모자를 뒤집어쓴 남자가 “아유 오케이?” 하고 잠시 돌아보았다.

“노 프로브럼!”

나는 씩씩하게 일어나서 이번엔 노인네처럼 등을 구부리고 신발 굽을 눈 위에 야무지게 꽂으며 다시 걸어간다. 사실 버스를 타고자 하나 속으로 이미 반은 포기하고 걸어가게 되지 않을까 하는 생각을 하고 있다.

이곳의 버스를 기다리느라 많이 지쳐보았고 노선도 익숙하지 않았으며 도착하던 그날부터 거의 이동을 하지 않았기 때문에 대충 짐작으로 걷는 것이 편할지도 모르기 때문이다. 그러나 날씨는 변덕을 심히 부려 그야말로 오랜만에 걷기로 작정한 나를 이미 지치게 했다.

나는 괄약근이 약해져 요실금이 있으며 배탈이 자주 나서 십 분 이상 걷다가 돌연 화장실로 뛰어들지 않으면 그야말로 황당한 일도 생길 수 있다.

순간, 무심하게도 버스가 미끌미끌 달아나는 것이 보였다.

"스톱!" 하고 나는 소리쳤다. "스타~압!" 발음도 바꾸어 보았다. 그러나 행인 두엇이 어슷한 눈길로 나를 보았을 뿐 그토록 갈구하던 버스는 어느새 뒤에서 다가와 나를 지나쳐 멀어져버렸다.

6블럭은 가야 되지 않을까….

눈은 직선으로 비처럼 죽죽 쏟아지다가 바람으로 변해서 얼굴을 억세게 때리기도 했다. 건너편 건물 높이가 높았는지 그늘이 조금 더 깊어졌다. 적어도 버스로 간다면 10분 정도면 도착할 수 있었을 것이며 이렇게 춥고 따귀 맞는 듯한 기분도 들지는 않았을 것이다.

이상하게도 이곳은 택시도 없다. 링거를 꽂고 혼수상태로 고요히 누워있는 도시 같다. 실제로 세놓음이라고 안내장이 펄럭거리고 있는 텅 빈 상점들이 오늘도 내일도 세가 나가지 않고 영원히 비어 있을 것처럼 을씨년스럽다.

떠나기 전 지구본을 돌려 보긴 했으나 그래도 좀 황당한 데가 있어 동창들에게 클리블랜드에는 누가 사는가를 탐문했더니 바로 아넷이었다.

아넷은 나의 여고 동창이다. 한국 이름은 영례인데 영세명이 아그네스여서 비슷하게 아넷이라고 부른다고 했다. 그러나 공적으로 그녀는 영례 박이다. 그녀의 남편이 박씨였으니까 김영례가 박영례가 되어서 LA도 아닌 오하이오의 클리블랜드 빈센트 애비뉴에 살고 있다.

아넷이 한국으로 작년에 한번 들어왔다. 그녀와 여고시절 단짝이었던 승려가 난소암을 앓아 위태로울 때였다.

승려는 이미 호스피스 병동으로 옮겨져 쎄미코마(Semicoma) 상태였다. 아넷은 침대 머리를 붙들고 승려의 다 빠져버린 머리카락을 쓸어주고 눈물을 뚝뚝 흘리며 "준호야, 먼저 가면 나도 곧 가께… 나도 오래 살고 싶지 않아… 준호야!" 그러면서 울었다.

준호는 승려의 아들 이름이었다.

나는 사실 안타깝게도 겁이 나서 승려의 손도 잡아보지 못했는데….

다 울고 얼굴을 닦는 아넷은 아직 젊어 보였고 어깨까지 내려오는 생머리를 가지런히 손으로 빗으니 젊고 고왔다. 감정을 잘 수습하는지 금방 태연한 얼굴로 우두커니 서 있던 나를 포옹하였다.

"세상에… 다애야, 우리가 살아있으니 이렇게 보는구나…. 삼십 년이다… 삼십 년, 그렇지?"

침상에서 승려는 거친 호흡을 몰아쉬고 아름답던 머리카락이 두서너 가닥 남은 안타까운 모습으로 이 세상, 저 세상을 왔다 갔다 하는데 처음에 그녀의 걱정으로 시작된 중년 여인들의 수다는 이윽고 그녀를 제쳐두고 그칠 사이가 없었고 때론 짧은 웃음소리까지 냈다.

그럴 때면 나는 승려를 힐긋 보았는데 그녀는 숨을 멈추었다가 꽤 오랫동안 호흡을 못하였지만 이윽고 끙 하는 신음소리를 내며 거친 호흡을 다시 시작했다. 산 사람은 산다고, 죽음은 승려의 것이지 우리의 것은 아니라는 어떤 안도감이 늙어가는 친구들을 감싸고 있는 것인지도 모른다.

콧날이 높고 날카로워 그 시대에는 환영받지 못한 얼굴이던 승려, 몸이 작고 가냘프고 곱상한 얼굴, 어머니가 전통 무희 출신이어서 항상 동백기름에 가르마 탄 검은 쪽머리와 분을 바르고 입술이 바알갛게 물들어 있던 승려의 어머니는 우리들을 보면 말없이 미소만 지었다.

나는 그런 어머니를 가진 승려가 부러웠다. 아니다. 나도 무희가 되고 싶었다. 그러나 그것은 헛된 꿈, 거기로 가는 길도 알지 못하였고 가란다고 가지도 않을 길이었지만 나는 그 쓰라린 아름다움이 너무나 탐났던 것이다.

그리하여 몇몇이 기생 같다고 뒤에서 흉을 보면 나는 더욱 열정적으로 합세했다. 가슴속이 뜨끔뜨끔하면서도 사랑하는 친구의 어머니를 훼손함으로써 나의 금욕적 교육에 어긋나는 욕망을 숨기려 했던 것이다.

합창단이었던 승려, 정자, 휘영, 영례 그리고 나는 함께 어울리며 한 시절을 비밀과 한숨과 기쁨을 같이했다.

기쁜 우리 젊은 날이라던가, 사랑의 노래가 들려오고 '금빛 같은 달빛이 비추고 정답게 속삭이던 그때', 그때를 우리는 함께 지나왔던 것이다.

고왔던 얼굴들에 주름이 지고 살이 찌거나 말라버리거나 했지만 아아, 이 마음들만은 이리도 속절없이 싱싱하게 변함이 없다.

나는 창문을 등지고 서 있는 휘영을 바라본다. 휘영은 환자에게 좋다는 여러 가지 음식들을 만들어 오곤 하는 등 가장 간호에 열심이다. 휘영을 그리 바라보니 역광이 그녀의 메마른 얼굴에서 다홍색으로 슬쩍 빛나 가느다란 주름살과 이유를 알 수 없는 턱 부근의 작은 상처를 불빛으로 물들게 해 마치 성당의 스테인드글라스에 그려진 성녀의 정지된 동작이 서서히 움직이는 것 같았다. 파노라마 같기도 하다.

파노라마처럼이라는 표현을 쓰자면 이렇다.

여고 1학년에 입학하자 타지에서 중학교를 마친 나와 마찬가지로 휘영도 광주에서 여중을 마치고 Y여고로 왔다.

휘영은 볼이 통통하고 하얀 얼굴에 주근깨가 조금 뿌려진 귀여운 소녀로 나타난다. 예쁘장하게 감색 교복과 흰빛 풀 먹인 칼라를 단정하게 여미고 수줍어서 눈을 내리깐 채 교실로 들어선다. 급우들이 갑자기 조용해지며 그녀가 들어서서 자기 자리로 살풋살풋 걸어가는 모습을 망연히 바라본다.

Y의 거친 바람에 익숙한, 그래서 마치 해녀들처럼 몸을 사리지 않고 어떤 거친 생명력을 지니고 있던 Y여중 출신들이 대부분인 학급은 휘영의 소공녀 같은 모습에 일순 정서적 충격을 받는다.

아무리 좀더 자세히 보려 해도 한번 슬라이드로 올린 홈피의 사진들처럼 휘영은 더 이상 나타나지 않고 휘영과 함께 꼭 붙어 다니던 도희가 떠올려진다. 노란 색깔의 눈동자와 입속 어금니 쪽 하나가 충치 치료로 반짝 하고 금빛을 발했고, 아름다운 갈색 머리카락으로 한쪽 눈 부분부터 슬그머니 가려 나로서는 알 수 없고 관심도 없었던 관능미를 이미 알고 있던 도희.

어쨌거나 관심 분야가 달라서인지 어쩐지 그 애에게 별 관심이 있었던 것이 아니었다. 그런데 어느 날 남자 선생들이 교무실에서 잡담을 하는데 '도희 보는 맛에 수업 들어갈 때가 있다'라는 실없는 농담을 들어버린 뒤부터 나는 도희가 너무 싫었다. 그리고 도희가 얼마나 미인인가를 곰곰이 따져보고 인정할까 말까를 고민하던 우스운 기억이 스쳐간다.

도희는 무슨 동기가 있었는지는 모르지만 나의 책상 서랍 속에 '나는 너하고 친하고 싶어… 그러나 비밀로…'라는 편지를 남겨두어서 그저 학교의 퀸카 격인 도희가 나에게 프러포즈한 것에 너무 쉽게 흥분한 내가 좀 오버를 했는지, 얼마 지나지 않아 도희는 나에게 그렇게 마구 들이대는(그런 표현이었을 것이다) 사람은 금방 싫어진다고 딱지를 놓아 나를 개무시해 버린 그 목조 계단의 삐걱거리던 오후가 스쳐간다.

휘영이 도희와 참 잘 지냈는데 나는 그 둘이 서로 잘 맞지 않는다고 생각했다. 졸업 후엔 아무도 만나지 못했다는 도희를 꼭 한번 만나고 싶은 것은 이제야 알게 되는 그녀의 비밀스러운 아름다움을 이해하게 되었기 때문인지도 모르겠다.

삼 년 동안 한번도 우수반의 반장을 놓치지 않았던 혜영은 그 영특함과 진지함이 빛을 보지 못하고, 지금은 한쪽 눈에 녹내장이 오고 있어 진한 갈색 안경을 끼고 우울하게 보호자 침대에 엉덩이를 걸쳐놓고 있다. 누구보다 똑똑한 서울대 출신의 남편을 만나 잘살겠거니 했는데 운명은 다 그렇게 공식대로 가지지는 않는 것이다. 마치 언니처럼 우리를 돌보던 그녀가 아직도 존경스럽다.

끄응 하고 승려가 숨을 몰아쉰다. 우리는 급자기 입을 다물고 고요해진다.

수녀 두 사람이 병실로 들어와서 묵주기도를 올리고 별 인사치레도 없이 금방 나갔다.

살다보면 실망이란 얼마나 자주 우리를 걸고넘어지는가. 기대하지 않으면 실망도 없겠지만 아무 기대도 없으면 살 이유가 없지 않은가?

나의 친정아버지가 90수를 누리고 돌아가시기 전 "나가 88오림피끄를 구갱하고 나서 죽었으먼 헌다"고 말씀하셨다. "아이구, 아부지… 아직도 십 년은 더 사시겄네요." 나는 빈말을 했었다.

아쉽게도 우리 아버지는 그 꿈을 이루지 못하고 87년 12월 크리스마스로 홍겨웠던 어느 날 밤 가셨다. 산다는 것이 바로 이런 것이다.

아버지는 죽음을 늘 두려워하셔서 그 죽음을 항상 입 밖으로 내시며 연습을 하셨다. 나에게는 "아가, 아가, 아부지가 죽으면 낮은 땅에 묻지 말고 햇살 바른 양지쪽에 깊디깊게 묻어다오. 생쥐가 파먹을라 두더지가 파먹을라 햇빛이 없으면 추워서 싫고말고."

이것이 아버지의 노래였고 어린 손자 녀석에게는 아버지 사진을 의자 위에 세워두고 곡을 하게 하시며 "하나버지… 하나버지…, 아고오 아고오…" 하고 연습을 시키셔서 손위 언니들이 질색을 하게 하시기도 했다. "죽으면 썩어질 육신, 아따, 되게 아낀다" 어머니의 면박을 노상 받으시면서.

나는 아버지의 죽음에 대한 공포를 유전적으로 이어받았다.

시신을 기증한다거나 장기를 기증하고도 싶으나 칼을 대면 아플까 봐 그것도 결심을 못했다. 내 죽으면 화장을 해서 그냥 저 태평양에 확 뿌려라. 그러다가도 아이구, 뜨거우면 어쩌나! 걱정과 근심을 한다.

이상스러운 것은 나 빼고는 모두가 아유, 죽은 후에 뭘 알아? 하는 신념을 가지고 있는 것이다. 좋다. 죽음 후에 아무것도 모르고 무로 돌아간다면 그것이 훨씬 낫다.

여릿하고 해맑던 소녀시절이 쏘아 놓은 화살처럼 그리도 빨리 가버린 것인가. 그나마 승려가 우리보다 먼저 가는 것, 내가 아니고 승려가 아프다는 것이 물론 마음 아프지만 '내'가 아직 아닌 것이 다행인 것은 그야말로 사실이다.

백합과 장미로 커다랗고 호사스럽게 만든 꽃바구니를 들고 명순이 병실로 들어섰다.

타고난 운명은 있는 거다.

명순은 유난히 수수하다. 그냥 수수하다. 가난하고 착한 의대생을 사위로 데리고 온 어머니의 선견지명 덕으로 사업이 날로 번창하고 자녀들도 고루고루 과를 섭렵하는 의사들이 되었단다.

자기는 수수하게 말해도 때론 자랑처럼 들려 탈이지만 그만하면 되었다. 친구들 중에 가장 부자로 산다 한다. 그러나 그녀는 그저 티셔츠 쪼가리에 평범한 바지를 입고, 항상 가장 늦게 오고 가장 빨리 떠난다.

병실에 독한 백합화 향기가 진동한다.

"클레오파트라가 백합화로 둘러싸여 자살했다지 않았어?"

내가 항상 이렇게 엉뚱해서 친구들은 나를 어린애 취급한다.

그러나 다가올 죽음을 예비하는 데 있어서 저 화려한 꽃바구니는 당당해서 마음에 든다.

끙, 음 음… 하고 승려가 뒤척이고 아넷이 다가가 준호야, 준호야! 하고 부르기 시작한다. 머리맡에 놓여진 성모님은 하늘만 우러러 축복을 내릴 능력은 없다.

"When I find myself in times of trouble, Mother Mary comes to me, Speaking words of wisdom let it be."

딱 이 구절만 부르는 비틀즈의 노래. 아무리 아무리 불러도 '그래, 맞아, 그냥 둬라'라는 명언이 가슴에 씹힌다.

그대로 둘 수밖에 아무 방도가 없는데도 우리는 어쩌면 저리 앓느니 승려가 고이 눈감아 버리기를 바라고 있는지도 모른다. 점잖은 승려 남편까지도 말이다.

승려가 아무리 혹독하게 시달린다 해도 우리는 그녀가 차라리 얼른 가기를 바라지야 않지만 살려달라고 새삼스레 울고불고 할 필요도 없다. 인간이 아무리 노력한다 해도 신의 손가락이 까딱하면 길을 떠날 수밖에 없다.

승려는 아넷이 이틀 묵고 떠난 이틀 후 숨졌다. 영정 속의 승려는 화사한 분홍색 한복을 입고 길게 쌍꺼풀진 눈으로 살짝 미소를 짓고 있었다.

호수 쪽에서 사정없이 얼어붙은 채로 바람과 함께 몰아닥치는 눈보라를 얼굴에 맞받다가 뒷걸음질쳐 보기도 하고 나무 뒤에 좀 기다려 서 있어 보기도 했다. 북쪽 숲이 반짝거린다. 자작나무숲이 흰 눈에 비춰서 그곳만은 아주 빛나 보였다.

아넷과는 서로 연락할 방법이 없다. 한국에서 로밍한 전화를 가져왔지만 다이얼만 돌리면 '당신은 틀렸다, 다시 해봐라'라고 기계가 대답한다.

자작나무숲이 아니면 아마도 은사시나무숲일 것이다. 아무려면 숲에 나무가 있으면 되었지 그것이 무슨 과의 무슨 식물이라고 반드시 알아야 할 필요는 없다. 꼭 알아야 된다면 알라고 그러고.

갑자기 눈이 비처럼 주룩주룩 내리기 시작했다. 내 평생에 이런 눈은 또 처음 본다. 눈발이 가늘지도 않으니 흰빛 줄기가 주룩주룩 내리는 것이다.

나는 두려움을 느꼈다.

상계동에서 반포까지 자동차를 몰고 오고가다가 몇 번이나 출구를 잘못 들어서 오후에 출발하면 밤중까지 서울 시내를 빙빙 돌았고, 심지어는 의정부로 방향만 잡으면 된다고 해서 동두천까지 간 일도 있다.

동서남북이 어느 방향인지 나는 모른다. 초등학교 시절에도 선생님이 그려보라는 방위표 때문에 나는 얼마나 고통스러웠던가. 아무리 위쪽이 북쪽이라지만 내가 몸을 다른 방향으로 돌리면 위쪽은 당연히 내 머리 위로 바뀌어야 되는 것 아닌가?

그 방위표 그리기와 에너지 불변의 법칙은 내 평생 해결하지 못한 수수께끼다.

체스터가(街)에서부터 요란한 사이렌 소리를 내며 달려오고 있는 것은 앰뷸런스가 아니고 눈 치우는 차다. 밤이나 낮이나 눈이 오니 저렇게 신나게 야단법석을 치고 다닌다.

앰뷸런스가 사이렌을 울리며 다가오면 나는 늘 너무나 겸손하게 길을 비켜 주었고, 그 안에 타고 있을 혹은 태우러 가는 급한 환자를 스산한 가슴으로 잠깐 생각해 보기도 했다. 그 차 안에 내가 타고 있지 않음으로 오늘도 나는 살아가고 있는 것이다.

바람이 휘몰아치기 시작해 숲에서 나무들이 우는 소리가 들려왔다. 은빛 가느다란 가지가 뚝뚝 부러지는 소리도 들렸다. 호수에서 물고기를 잡아먹어야 할 갈매기가 느닷없이 인도로 내려앉아 눈을 쪼아본다.

요새는 왜 이럴까. 작은 생명체만 보면 눈물이 난다. 어찌되었든 인간들은 말로 하소연하지만 짐승들이야 입이 열 개면 무엇하랴.

우리 집 강아지가 저 혼자 두고 남편이 나가버리면 얼마나 애처롭게 울려고 하는지, 그러나 잘 울어지지 않아서 그걸 사람들은 낑낑댄다고 하지만 그건 애가 타서 우는 것이다.

사람만 슬픈가? 아니다. 강아지도 엄마 떠나 슬프고, 팔려가는 송아지도 음메 슬프고, 날렵하게 착지를 못하는 다리 하나밖에 없던 부산 겨울바다의 갈매기도, 꼬리 잘린 도마뱀도 슬플 것이다.

저기 눈길에 웅크리고 털모자를 뒤집어쓴 몸집이 작은 저 여인이 아넷인가? 자칫 초등학생처럼 보여 나는 그녀 부르기를 주저했다. 그녀가 눈보라 속에서 먼저 내 이름을 부르기 전까지.

"다애니?"

나는 눈송이들이 혀 안으로 빨려들어 바로 녹는 맛을 느끼며 응, 나야! 대답했다

조그만 백열등을 켜둔 18세기의 흑인가처럼 생긴 유닛들이 늘어서 있는 거리가 눈 속에 푹 파묻혀 있었다.

한국에 있었으면 이제 바로 필 진달래꽃 이파리 따다 물에 가볍게 흔들어서 화전을 부쳐 먹었을 것이라고, 나는 평생에 한번도 해본 적 없는 생각을 한다. 그러고 나면 벚꽃이 활짝 피었다가 어느 비 오는 봄밤에 내 자동차의 보닛 위에 화르르 내려앉아 있겠지. 바람을 가르며 자동차를 몰면 그 이파리들이 마구 흩날리는 것이다. 아아, 아름답게 죽어야지…. 뚱딴지같이 그렇게 결심하면서 나는 달렸다.

아넷은 서울에서처럼 나를 끌어안았다. 몸집이 작은 그녀가 나를 안기엔 팔이 짧았지만 나는 잠깐 안겼다가 그녀의 등을 두드리면 몸을 떼어낸다.

미국인들이 걸핏하면 서로 껴안고 등을 두드리는 것, 이걸 Hug라 한다지.

어두운 공간에 백열등이 하나 켜 있었다.

엘리베이터는 오래 기다리자 지친 듯 끙 하고 멈추어 섰다. 그녀가 13층 버튼을 누르려고 손을 내밀기 직전 검정 후드를 뒤집어쓴 남자가 급히 들어서며 쏘리인지 탱큐인지 하여튼 이 나라 사람들이 짧게 내뱉어서 나는 도대체 알아들을 수 없는 말을 했다.

아넷이 유아 웰컴이라고 대답했다. 미소도 지었다. 그 남자는 모자의 후드를 벗었다. 눈송이가 툭툭 떨어졌다.

"Which@#%·&/?"

"Rhght. snowshower, hm?"

둘은 너무 빨리 말했으므로 나는 알아듣지 못했다.

남자는 9층에서 내리고 엘리베이터는 13층까지 순식간에 올라갔다.

복도에는 카펫이 깔려 있고 분홍색 꽃병에 종이장미가 꽂혀 있었다.

"여기가 웨스트 리저브 호텔이야. 반은 아파트고 반은 호텔이야, 분위기가 비슷하지."

그녀는 서둘러서 자기 방의 문을 열었다.

깨끗한 방.

바람이 너무 억세게 불어 창문을 내다보았더니 몇 마리 겨울새들이 눈보라에 쫓겨서 빌딩의 지붕 어딘가에 앉아보려고 보스를 따라 바람 사이를 부지런히 빙빙 돌았다. 그러나 빌딩들은 인정머리 없이 모두 각이 날카롭게 서 있어 그들이 몸을 피할 만한 공간이 없었다. 줄기차게 지친 날개를 퍼덕거리다가 마침내 우두머리는 그중 그래도 나은 듯한 빌딩의 난간에 내려앉았다.

인정머리 없이 집들이 처마가 없다.

그들은 젖은 눈보라를 고스란히 맞고 움직이지 않았다. 운명에 맡긴다. 나는 그런 생각을 했다.

이렇게 4월인데도 눈보라가 치면 새들은 어디로 가나…. 다 얼어 죽겠네….

정말 바람이 이를 가는 것처럼 분다. 원한 서린 여인의 손톱으로 할퀴는 것 같다.

"뭘 봐?"

아넷이 얼른 히터를 올리며 물었다. 그때 내 눈에 무심히 고였던 눈물이 톡 떨어졌다.

"아니, 왜 울어? 응?"

"아냐, 아니야…. 새들이 갈 곳 없어 보여서…. 요새 이런 것이 내 병이야…. 신경 쓰지 마."

아넷은 신경 쓸 대책도 없다는 듯 멍하니 나를 바라보았다.

문득 여고시절 아넷이 느닷없이 나의 집을 찾아왔던 여름날 저녁이 떠올랐다. 피아노를 배우고 싶다고…. 아넷, 그러니까 그때의 영례는 정미소집 딸이었는데 돈이 없어서가 아니라 그 가정문화가 피아노를 배우는 것 따위와는 전혀 상관이 없어서인지 레슨비를 용돈 모아 내겠다고 했다. 언니들 중 한 사람이 피아노를 가르치다가 시집가면 그 다음 언니가 이어받고 그러다가 어느 날은 내 손위 언니까지 그리고 언니가 음대 갈 준비로 바빠지자 나까지 피아노 레슨을 했다.

그 시절에 피아노를 들여놓은 집이 더러 있지만 어느 집에서도 유창한 피아노연주 소리를 들어볼 수는 없었는데 일찌감치 교회음악에 눈을 뜬 딸 많은 우리 집 창문 안에서는 항상 피아노 소리가 났고 때로 모두가 한적할 때는 알토, 소프라노로 나누어서 합창을 하곤 해서 길 가던 이들이 우리 집의 작은 창문에 귀 기울이던 시기였다.

행복이란 건 오래 지난 후에야 비로소 행복이라고 알게 되는 것이 단점이다.

영례는 피아노에 소질이 있다기보다 좀더 수학적이어서 규칙성과 일률성을 지녀야 하는 운지법 같은 것을 정확히 잘 익혔었다. 바흐의 연습곡들이 그녀에게 잘 맞았다.

레슨이 끝나면 나는 어깨 위에 얇은 스웨터를 걸치고 아넷을 얼마간 바래다주곤 했다. 조그만 개울물이 흐르고 약간 경사진 언덕길을 내려가면 하늘에 별이 하나 둘 떠올랐다.

내가 음악시간에 불어로 배운 '꿈에서 깨어나'라는 곡을 건성으로 흥얼거리면 영례가,

"너는 노래도 잘해야잉…. 타고나는가?"

"멀…. 그냥 흥얼거리는데, 중학교 때 목소리 다 버렸어. 그렇게 낭랑하던 목소리가 갑자기 안 나온다. 고음 처리가 맥이 없어지고…. 아마 변성기였나 봐."

"지금도 잘하더라…."

길이 도심으로 꺾어지면 불빛이 환하니 혼자 갈만하여 우리는 헤어졌다. 손을 서로 흔들고 "낼 보자…" 그러면서.

돌아서 오면서도 나는 무슨 노래든 흥얼거렸다. 때로는 휘파람도 불었다. 언덕 위에 소나무를 두른 소학교 운동장에서 이른 여름새가 저도 휘리리 휘파람을 분다.

무엇을 향하여 가고 있다는 것이, 젊음이, 미지(未知)가 가슴을 달콤하게 조이는 그런 저녁이면 그야말로 모차르트의 여성 듀엣곡을 아름답게 참으로 아름답게 부르고 싶었던 시절이다.

아넷의 방에서는 중국차 냄새가 났다. 중국 난로 비슷한 단지도 구석에 불이 지펴 있었고 차는 거기서 바글바글 끓느라 주전자 뚜껑이 달각거렸다.

중국차를 타는데 아넷은 일본 여자처럼 무릎 꿇고 앉아서 정성껏 다루었다. 이제 보니 앞머리를 이즈음 젊은 애들처럼 눈썹 부분에서 자르고 옆머리는 조금 웨이브를 넣어서 어깨까지 길렀는데 마치 일본 주군시대의 오오쿠(大奧) 여자처럼 보였다.

나는 차를 받아 배꼽 근처에 살짝 얹어 놓고 적당한 온도로 식기를 바라면서 방 안을 둘러보았다. 처녀시절의 아넷이 나도 아는 친구들과 한껏 멋을 내고 경복궁으로 보이는 곳에서 벚나무를 기둥 삼아 활짝 웃고 있는 사진이 있었다.

"걔네들과는 계속 연락했구나…. 몇 살 때?"

"음…. 그러니까 휘영이가 선생 부임할 때니까 스물네 살 정도 되었나보다…. 맞다, 그 무렵에 승려가 시집을 갔으니까…."

아직 여린 모습의 승려가 비스듬 미소를 짓고 아넷의 손을 잡고 서 있다.

"인생무상이다, 야…."

"그때 너를 한번 명동에서 만난 것 같아…. 국립극장에서 남성 합창단 발표회 할 때… 어떤 남자하고 둘이 지나가는 걸 보고 우리가 나중에 니 자릴 찾아가서 만났잖아?"

"……? 응, 그랬다. 맞아."

"네가 녹색 골판지로 만든 차이나칼라에 허리가 쏙 들어가고 무릎 밑으로 스커트가 내려온 원피스를 입고 있었고 머리가 허리까지 길어서 사람들 시선을 끌어서 발견했지. 무심히 지나쳤으면 그때 못 만났지….”

그래, 그랬다. 나는 그즈음 암녹색 원피스를 입고 연습용 바이올린을 들고 다녔다. 바이올린은 혼자서 연습을 하긴 했지만 전시용이라고 해야 더 맞는다.

아마도 그때 키가 헌칠하고 몹시 시니컬하게 보여지려고 노력하던 남자와 사랑에 빠졌다가 그가 부유한 처녀 아이의 도움을 받아 결혼하고 미국으로 공부하러 가버리려는 그런 아득한 시절이었을 것이다.

파노라마처럼 지나간다.

수요일 밤 예배에 설교를 하던 키 큰 신학대학원생을 못 잊어서 나는 그가 집으로 돌아가려면 반드시 거쳐야 하는 길목에 서 있었다. 바람이 불고 하늘엔 별들이 서럽게도 반짝였다. 사랑합니다, 가지 마세요…. 이런 말은 하지 않았으나 그리움에 못 이겨 그렇게 우두커니 별을 보며 떠나가는 그의 옷자락을 잡아보려 할 때였다.

두어 번은 침울한 얼굴로 그가 버스정류장까지 같이 걸어주었으나 결국엔 윗동네의 산길로 약혼자와 도망을 치기까지 나는 치근댔던 것이다.

만약에 내가 그 시절로 돌아간다면 반드시 그 바보 같은 짓을 고쳐놓고야 말고 싶은 기억이다.

“넌, 그때 예뻤어….”

뜨거운 차를 급히 넘기며 나는 목을 뒤로 젖히며 웃었다.

"고만 해라. 배신자가 생각난다…. 하하하."

"배신당했니?"

이러는 아넷을 보면 이 여인은 늙어도 좀 너무 소녀 같지 않은가 그런 생각이 든다.

하긴, 이곳에 처음 와서 남편은 인쇄공장에 다녔고 아넷은 유치원 일을 했다니까 어린애들과 긴밀히 살아왔을 수도 있다. 그러노라면 인생의 폼이 아직 어린애 같을 수도 있는 것 아닌가.

내 마음에는 들지 않지만 그건 그녀의 스타일, 나는 나의 스타일을 서로 존중하면 문제없다. 때로, 아니 자주 인간들이 그러지 못하고 오버해서 문제들이 발생하지만 그거야 나도 어쩔 수 없는 일이다.

"너, 여고 때 해고(海高)생하고 좋아했었지?"

아넷이 아직 반도 마시지 않은 나의 잔에 술 붓듯 차를 더 부으며 아마도 몇 개쯤 뽑고 다시 인공치아를 했을 너무 가지런한 이를 드러내며 웃었다.

"그런데 그거 어떻게 알았어? 정말 아무도 모르는데?"

"다 아는 걸. 너만 몰랐어…."

"이상하다. 나 혼자 짝사랑했는데?"

"애는 자기가 자기 일도 잘 모르네?"

나중에야 둘이서 좋아했지만 그야말로 긴긴 여고 1년 동안 나는 이름도 모르는 해고생을 좋아하느라 하루가 멀다 하고 바닷가로 나가서 봄엔 벚꽃 잎을, 가을엔 코스모스 잎을 따서 바닷물 위로 떠내려 보냈다. 바닷가에는 그걸 소문 낼 사람이 아무도 없었다.

바람이 불고 물결이 흔들리고 작은 파도가 발밑에서 머리를 부딪고 쓰러지곤 했다.

"무슨 짝사랑…. 너랑 그 사람이랑 비 오는 날 우산 같이 쓰고 가는 거 다 봤는데. 호호…. 참 보기 좋아서 사실 아무도 함부로 소문 못 냈어. 우리가 빵집에 앉아 있는데 너는 가슴에 피아노 책 껴안고 그 사람은 우산을 씌워주느라 자기는 다 젖고 그러면서 중앙동을 지나갔었어."

"하하."

나는 할 수 없이 웃었다. 나보다 내 인생을 잘 기억하는 아넷. 내가 아직도 그리워하고 있다는 것까지는 모르나보다. 나는 그 시절을 나의 하늘빛 꿈, 영원히 깨지지 않을 그런 추억의 베일로 꽁꽁 묶어두고 오래 살아왔으니까.

그런데 아넷이 말하기를 "그 사람 죽었대며?"라고 한다.

순간 뜨거운 차에 입 천정을 데이고 그 뜨거운 차가 목구멍으로 대책 없이 흘러들어가 식도를 몹시 아프게 했다.

"……?"

"스페인 감옥에서 죽었대…."

"……."

"몰랐어? 세상에…. 다 아는 걸 너만 모르는구나…."

"다 알아?"

"다 알지…. 너하고 연애해서 다 알고, 또 그 사람 여학생들한테는 기린아였잖아…. 너무 차가웠지만…."

차가워? 아니야, 따뜻해…. 정다워. 묵묵해. 소나기 냄새가 나…. 눈이 아름다워…. 빙그레 웃어. 둘이서 '우리를 슬프게 하는 것들'을 외우면서 집까지 갔어…. 내 이마에 가볍게 키스했어. 손가락이 피아니스트처럼 길고 하얘. '그 집 앞'을 좋아해서 자꾸만 나더러 불러보라고 했어. 3학년 졸업실습선 타고 라스팔마스로 가면서 언제 돌아오든 너에게로 돌아온다고 말했어. 차갑다고? 아니야, 내 인생의 불꽃이야. 따듯하다고….

"넌 내 인생을 나보다 더 잘 아는구나…."

나는 힘없이 말했다.

창밖에서는 매서운 바람이 불고 눈 치우는 자동차들이 미친 듯이 사이렌을 울리며 거리를 달려갔지만 어림도 없이 눈은 스노우샤워라는 이름처럼 이리저리 뺨을 치듯 날카롭게 흩어져 내리고 날이 차서 바로 쌓이며 얼어버렸다.

'호텔로 돌아갈 때 일났다.'

나는 속으로 걱정이 되었다. 나는 길눈도 어둡고 서울에서도 똑같은 장소를 갔다 오면서도 여섯 번이나 길을 잘못 찾아들어 헤매곤 했다. 내가 묵고 있는 호텔에서 거의 직선으로 왔으니까… 혼자 마음을 다독거린다.

영례가 새삼 내 손을 모두어 잡으며,

"세상에, 서울 승려 병원에 있을 때 봤지만 그때는 경황이 없었고, 지금 우리가 몇 년 만이냐? 삼십 년 넘지? 오메…. 그 세월을 서로 어찌 살아왔을까잉…. 얼굴 좀 자세히 보자. 옴메, 주름도 없다. 주름 폈냐?"

"하하하하하."

정색을 하고 내 얼굴을 점검하는 아넷을 바라보며 나는 웃음을 터뜨렸다.

"너야말로…" 하다가 나는 아차 입을 다물었다.

아넷은 소복이 부은 듯한 눈이었는데 쌍꺼풀이 아주 자연스럽게 자리 잡고 있었기 때문이다.

"우리 합창반에서 '유랑의 무리' 할 때 니가 소프라노 솔로 했었어. 경혜가 메조소프라노 했고. 알토소프라노도 있었는데… 생각이 안 나네. 가끔 니가 합창단 앞으로 한 걸음 나서서 '춤추며 뛰노는 어여쁜 소녀--' 그렇게 노래하면 정말 춤추며 뛰노는 집시가 생각났어. 경혜가 저음으로 '휘날리는 횃불 거치룹구나' 그러면 그 솔로들이 노래하고 있는 동안 나는 왜 그렇게 가슴이 아렸는지 몰라.

살리에르라고 요즘에 한국에 그 신드롬이 많다고 우리 아들이 그러대? 그 모차르트를 질투한 궁정 악장 살리에르 말이야. 아, 하나님! 어찌하여 저 개뼈다귀 같은 모차르트에게 천부적 재능을 주시고 이 신앙심 깊고 주님을 잘 섬기는 저에게는 노력밖에 주시지 않으셨습니까? 이런 종류의 살리에르 신드롬이 나한테 있었던 것 같아. 지금은 다 추억이다."

"살리에르가 실존 인물이라는 증거는 없다고 그러는데 뭘…. 이렇게 대담하게 꿈의 대륙에 와서 그린카드까지 지니고 씩씩하게 살아가면서…."

"아니야, 외로워. 남편 죽어버리고 나니까 일 끝나고 집에 들어서기가 무서워. 그 적막이 진짜 두렵단다."

"……."

"넌, 안 그렇니?"

"뭐, 그저 그렇지. 남편이 있고 없고 그냥 내가 살아가는 것 아닐까? 나 죽은 후에 조금만 돌봐 줄 사람이 있다면…."

"……."

"나는 죽으면 화장을 시켜 달래고 그걸 그냥 나무 밑을 약간만 파서 재를 묻고 꽉꽉 밟아서 그 위에 조그만 분홍색 대리석 돌에다 '대니 보이'라는 노래의 2절 가사를 써달라고만 할 거야…."

"너 독특하다…. 하하하, 그거 2절 가사가 뭔데?"

"사실은 1절부터 쭉 불러야 참 좋거든? 근데 번거로우니까 2절만 부르고 쓰는 거야."

나는 아넷에게 대니 보이를 불러주었다.

"그 고운 꽃은 떨어져서 죽고 나 또한 죽어 땅에 묻히면 나 자는 곳을 돌아보아 주며 거룩하다고 불러주어요. 네 고운 목소리를 들으면 내 묻힌 무덤 따뜻하리라. 너 항상 나를 사랑하여 주면 네가 올 때까지 내가 잘 자리라."

아넷은 평화로운 얼굴로 박수를 짝짝 쳤다. 그러나 내 눈엔 눈물이 고인다. 몇 곡의 노래는 어김없이 나를 울리는데 대니 보이도 그 중 하나다.

"분홍색 조그만 대리석은 왜?"

"곱잖아…."

"흠, 흐음…. 넌 참 독특해 진짜…."

우린 둘 다 딴 생각을 하면서 웃었다.

밤이 이슥하다. 돌아갈 시간이지만 이야기는 계속되었다. 로컬 방송에서 동부 클리블랜드에 스노우스톰이 머물고 있다고 방송하고 있다.

"날씨가 왜 이럴까…. 새들은 숲에서 잘까?"

"그럴까? … 정원의 한 모퉁이에서 발견된 작은 새의 시체 위에 초가을의 따사로운 햇볕이 떨어져 있을 때…. 우리를 슬프게 한다."

"안톤 슈낙!"

"그때 우린 그런 글들을 서로 편지에 써서 보내고…. 자기 좋아하는 구절이 있었잖아, 모두들?"

“난 산길에 흩어진 비둘기의 깃…. 그리고 바이올린의 G현… 그 구절이었어.”

“난, 출세한 부녀자의 좁은 어깨…. 크누트 함순의 두세 구절….”

아넷은 내 손을 마주 쥐고 언제 이렇게 우리가 늙어버렸을까… 라고 또 한탄했다.

“함부로 쏜 화살을 찾으러 풀섶 이슬에 함추름 휘적시던 곳….”

“정지용!”

“맞아….”

아, 그립다! 나는 하품을 하며 두 팔을 서로 엇갈려 근육을 푸는 간단한 동작을 했다.

“니가 고향이라는 정지용 님의 가곡을 한번 불렀었어…. 가정 선생님이 보강 들어오셔서 노래 잘하는 사람 그러니까 우리는 주저 없이 김다애요… 소리쳤지. 너는 정말로 노래를 못 부른다고 부르지 않겠다고 고집을 부렸는데 선생님이 좀 화를 내는 표정이 되니까 슬그머니 일어나서 책상을 꽉 붙들고 서서 조그만 소리로 음을 낮추어서 그 노래를 불렀어. 생각나지?”

생각난다. 어찌 잊어버리겠는가. 가을이 다 가버리려고 숲이 몸을 흔드는 소리, 바람, 노래에 대해 확신감이 없어 화가 조금 났던 일…. 그러나 나는 노래했었다.

“고향에 고향에 돌아와도 그리던 고향은 아니러뇨. 산꿩이 알을 품고 뻐꾸기 제철에 울건만 마음은 제 고향 지니지 않고 머언 항구로 떠도는 구름."

그때 눈물이 고였다. 교실도 너무 고요했다. 가정 선생님이 고개를 들고 아카시아가 처참하게 죽어버린 숲을 바라보았다. 노래를 다 마치지 않고 나는 그냥 자리에 앉았다.

한참을 바다와 숲을 번갈아 보던 가정선생님이,

"아이구, 좀 슬프다잉?"

아이들이 "네에~" 하고 길게 대답을 뺐다. 그리고 종이 울리고 우리는 왁자지껄 가방을 싸고 책상 위에 의자를 올리고 분주하게 청소를 시작한다. 그러나 나는 아직 고향을 찾는 나그네의 쓸쓸한 적막과 슬픔을 다 삭이지 못했다.

왁스가 묻은 손 걸레를 들고 복도로 나가 내 구역을 열심히 닦는다. 눈물이 똑 하고 마루 위로 떨어지는데 나는 남몰래 그 눈물을 재빨리 지운다.

인생을 막연히 꿈꾸던 그 시절의 고통, 사랑, 그리고 남몰래 항상 눈물을 잘 흘리던 여자아이는 결국 울보쟁이가 되는 것이다.

그 곁을 나에게 어리석은 상처를 준 도희가 치맛자락을 휙 날리며 자기 대신 내가 주목을 받은 일이 마음 상해서 놀라 무릎을 세우는 나를 내려다보며 "얘, 너는 노래 부르란다고 맨날 부르냐? 지겨워!" 이랬다.

그리고는 눈을 조금 가리도록 내버려둔 갈색 머리카락을 휙 걷어 올리며 지나가려 하기에 갑자기 나는 번들번들한 나의 손걸레를 힘껏 도희의 노랗고 윤나는 머리통을 향해 던졌다.

"어머, 아이 더러워. 너 미쳤니? 걔 좀 봐 진짜!"

"나 건들지 마. 사귀자는 편지 따위도 주지 마…. 지저분해. 아주 꿉꿉하거든?"

도희가 울고 누군가 공주님 달래듯 하고 아이들은 저 퀸카가 왜 저러지? 하고 놀란 얼굴로 쳐다보았다.

"나 김도희하고 싸운 것 생각나니?"

아넷은 으음 하고 고개를 뒤로 젖히더니,

"나는 직접 보진 않았고 승려가 봤다 그러대? 뺨따귀를 때렸대매?"

나는 후후후후 웃었다.

왁스걸레로 뒤통수 맞춘 일이 뺨따귀를 때린 걸로 스토리가 바뀌었다니, 그 뒤로도 다시 또 어떻게 이야기가 꼬리를 물고 또 무는지 이제는 어떻게 바뀌어 어떤 레전드(Legend)가 되어 있을지.

"애들이 널더러 날카롭고 예민하다고 그랬어…. 응, 좀 너무…."

"너무 지나치다고?"

"뭐 그런 뜻이었겠지. 그런데 아마도 도희 편이 많아서 그랬을 거야."

"무수리들이구만…. 무수리 심튼도 있거든?"

옛 이야기인데 내 가슴은 떨렸다.

도희가 부산 어디에 산다고 해서 나는 때로 부산으로 내려가 보기도 했다. 뒤통수에 걸레 던진 일로도 나의 상처는 회복되지 않았던 것이다.

"다 옛날 얘기지…. 좀 나쁜 일도 추억 아니겠어?"

아넷이 나의 굳어진 얼굴을 보고 달랬다.

"아니, 난 지금도 이상하게 꿈에 도희가 교복을 입고 우두커니 서 있는 걸 보는데 그 꿈꾼 날은 재수가 없어."

"아이그, 어린애같이…. 차 한 잔 더 마셔."

나는 목 안이 부어 있는 듯 좀 쓰라렸으나 뜨거운 차를 후후 식혀서 약간의 푸른 가루까지 다 마셨다.

"가야겠다…. 여기 좀 있을 거니까, 너 낼 일 끝나고 호텔로 와. 맥주나 한잔 하지?"

"오, 사운즈 굳!"

나는 아넷을 가볍게 포옹하고 다시 만나자고 말했다. 아넷은 자고 가라고 붙잡았다. 그녀도 아주 쓸쓸해 보였다. 자기 입으로도 다시 결혼을 할까 생각해 보기도 했다지 않은가. 그리고 홀로 되니까 남자들이 집적대서 자존심이 상한다고도 했다.

"니가 아직 매력 있으니까…. 그건 나쁘지 않잖아?"

"아니야, 아주 거지같은 인간도 그런다니까…."

아하, 아넷은 한국식으로 남편을 기둥으로 생각하고 남편 없으면 얕본다는 뜻으로 말하는구나. 이곳에 와서 30년이구만. 그 관습적 사고방식은 변하지 않는구나.

그러나 나는 남의 집에서 잠을 자지 않는다. 너무 불편하고 조심스럽다. 목욕탕을 쓰면서 내 머리카락 하나라도 남아 있을까 봐 노심초사 목욕탕 청소까지 한다. 그러려니 얼마나 불편한가. 불편한 건 또 내가 참으로 싫어하는 일이다. 그러니까 참을성이 없다는 것이다. 그러니까 나의 인생은 참으로 고생스러웠을 것이다.

비행기도 못 타, 남과 잘 사귀지도 못하고, 아니 그러다가 낯익혔다 싶으면 간도 빼주는 시늉을 하고, 시늉만 하면 다행이고 정말로 그런 놀라운 친밀성을 보이고, 분노를 잘 참지 못한다.

겨울새가 깃들이지 못하고 아픈 날개를 겨우 펄럭거리며 눈보라 속을 헤매는 것만 봐도 눈물이 나고, 거리에 버려진 강아지들을 봐도 눈물이 나는데 인간을 보면 그다지 슬프지는 않다. 생각해 보니 내 자신이 좀 이상하긴 하다. 그러나 이 지구가 인간만의 것인 양 개를 목매달고 소를 창으로 찌르는 그런 인간들을 보고 어찌 눈물을 흘리냐고….

아넷이 또 그 킬트(kilt) 담요 같은 누비점퍼를 걸치고 계단을 따라 내려와 내가 가는 길을 다시 일러주었다

"똑바로 가서 좌회전하면 되지만 저쪽 길이 더 밝으니까 길 건너가서 빈센트가에서 다시 길 건너 조금 내려가다 왼편으로 돌면 너 묵는 호텔이 나와…. 알겠지?"

나는 머플러로 얼굴을 푹 싸고 망토 같은 검정 양털오버를 뒤집어쓰고 눈보라를 한참 올려다보았다. 눈송이가 크다.

눈에 파묻히듯 나는 걸어본다. 눈사람인 줄 알만큼 눈은 나를 둥그렇게 싸안았다. 이곳은 정말 이상하게도 택시가 없다. 본 적이 없다. 버스도 목표가 분명한 한두 곳을 1시간 만에 한 대쯤 오는 것 같다.

눈이 부츠에 붙어 너무 무거워 땀이 날 지경이었다.

미끄러진 버스 한 대가 비스듬 처박아져 있다.

걷기가 좀 편하리라 싶어 도로를 횡단했다가 도대체 방위를 구별할 수가 없어져 버렸다. 오직 희게 빛나는 자작나무숲이 바람과 열렬히 사랑하는 듯 열정적인 떨림으로 소란스러웠다. 나는 점점 숲 쪽으로 가고 있다. 그러면서도 이 길이 아니라면 돌아 나오면 되겠지 생각했다.

겨울새들이 먹이도 못 먹고 깃들일 곳도 없는 것도 그 순간은 이해가 되고 용서가 되었다. 너무 나 자신에 몰두했기 때문일 거다. 아니 걸어가는 일에 몰두했을지도 모른다.

눈물은 나오지도 않았다. 눈 뒤집어쓴 숲길은 나의 긴 부츠 안으로까지 차가운 눈이 밀려들 만큼 쌓이며 얼어붙어 가고 있었다.

"산길에 흩어진 비둘기 털…."

돌연 누구의 목소리가 들렸다. 들린 것이다. 아마 들렸을 것이다.

"자동차에 앉아 있는 출세한 부녀자의 좁은 어깨…."

획 돌아보았지만 눈꽃을 무겁게 인 숲은 고요하다.

나는 정민의 목소리를 들었다고 생각했다.

그 구절은 내가 외웠으나 그는 그 구절을 읽으면 내 생각이 나니까 자기가 읊겠다고 했다.

우산 속에서 교과서에 실린 안톤 슈낙의 수필을 한 구절씩 나누며 걸었던 때가 바로 어제 같다.

"크누트 함순의 두세 구절."

"'아이쎄여, 내 너를 사랑하노라…'라는 거의 알아보기 힘든 글귀가 쓰여 있음을 볼 때."

"오뉴월의 장의행렬(그 구절은 기분 나빠… 덥잖을까?)."

그래, 이건 빼자.

"바이올린의 G현."

"……."

가지를 붙잡자 목피가 젖은 종이처럼 슬쩍 벗겨졌다.

돌아서 나가자 하면서도 나는 눈으로 뭉쳐진 몸뚱이를 잘 움직이지 못하고 흰빛으로 빛나는 눈 오는 숲으로 자꾸 걸어 들어갔다. 발이 눈구덩이에 빠져서 주저앉아 씩씩거리며 발을 빼려고 애썼다.

눈은 의외로 따듯했다. 자작나무들이 작은 가지들을 똑똑 부러뜨리는데 그 크기에 따라 소리가 달라 마치 실로폰 소리처럼 들렸다.

◆ ◆ ◆

한편 아넷은 친구가 길을 건너 조금 내려가다가 숲 속으로 발길을 돌리는 것을 보았다. 왜 그리로 가느냐고 소리치려다가 거리도 멀어지고, 그냥 실수로 들어가는 것처럼 보이지 않고 몸이 정확히 의지를 보이며 숲으로 들어가는 걸 봐서 눈 구경을 하려나 하는 생각도 들었다.

그러면서 혼자 여행을 떠나온 그녀가 호텔에 남편이 기다리고 있어서 괜찮다고 자고 가지 않는 점을 좀 이상하게 생각했다. 그녀는 사별한 지 꽤 되었던 것이다.

한국에 갔을 때 병원에서 그녀가 화장실 간 사이에 그동안 심한 우울증과 불안증으로 6개월씩이나 병원에 입원까지 했었고 지금도 치료 중이라는 친구들의 말도 떠올랐다. 그러나 그녀는 아직도 젊고 명랑했으며 유머 감각도 뛰어났고 사리에 밝았으므로 요새는 우울증이 부자병으로 유행인가보다 하고 웃었었다.

조금 아쉬운 근심이 아넷의 작은 몸을 더욱 웅크리게 했지만 그녀는 앞 머리카락이 눈에 젖자 서둘러 엘리베이터로 뛰어가 단추를 꾸욱 눌렀다.

출세한 부녀자의 좁은 어깨…
산길에 흩어진 비둘기의 깃…

넘쳐흐르는 눈물
넌 나를 위해 어찌해 울잖고…

나 홀로 밤 깊어
뜰에 내리면
먼 곳에 여인의 옷 벗는 소리

네 고운 목소리를 들으면
내 묻힌 무덤 따듯하리라
너 항상 나를 사랑하여 주면
네가 올 때까지 내가 잘 자리라…

그녀는 졸립다. 뇌리 속에서 시와 노래 가사들이 녹음기처럼 되풀이 되어 흐르고 있다.

스페인 감옥에서 죽었다는 정민의 얼굴이 잠깐 떠올랐다. 그는 아직 소년이다. 미소 짓는다.

암녹색 수녀 같은 원피스를 입고 아주 젊은 여인이 두 볼 위에 눈물을 흘리며 걷고 있다. 한 손에 바이올린을 들고 바이올린 케이스의 한쪽 고리는 망가져 있고 하늘엔 별들이 반짝인다.

그녀의 어깨 위로 아주 크고 푸근한 눈이 이글루처럼 쌓였다. 졸리고 평화로웠다.

그녀의 머리 위로 눈보라가 숨도 못 쉬게 빰을 갈기며 떨어져 내렸다. 입을 하 하고 벌리자 차갑고 달콤한 눈바람이 목구멍으로 쑥 들어섰다.

한평생 두려워한 네가 바로 너냐? 그녀는 왼쪽 가슴의 통증을 참으며 중얼거렸다. 가슴은 몹시 아팠지만 그 대신 머릿속의 모든 복잡하고 예리한 통증들이 흐릿해졌다.

너무 한가롭고 고요하고 평화롭다. 그러나 니가 그렇다는 말은 사람들에게 하지 않으마. 그들이 너무 방자해질지도 모르기 때문이야.

아아, 두통도 사라지고 알 수 없는 가슴 아림도 사라지고 미소가 떠오르는구나.

잠들기 전에 할 말은 없다. 너무 졸립기 때문이다.

눈 쌓인 자작나무숲은 눈의 무게로 인하여 조금씩 신음했지만 늙은 자작나무의 신호에 따라 때가 되면 화촉(華燭)을 밝힐 준비를 하고 있었다.

이스트 클리블랜드 빈센트가 13애비뉴는 그 후로 이틀 동안이

나 눈 폭풍에 쌓여서 각급 학교들이 휴업을 하고, 눈 쓰는 자동차까지 얼어붙어 아주 고요한 무덤같이 보였다.

❦ 글 뒤에

뒷글을 꼭 붙여야 할까…. 그렇잖아도 마음이 허전한데. 나는 마음이 피로하고 독자들은 눈이 피로하지나 않을지…. 그러나 사랑하는 이들에겐 가장 좋은 것을 주고 싶은 마음, 이것이 나로 하여금 3권의 미숙한 책을 만들게 했다.

나의 소녀시절 첫사랑 이야기를 너무 솔직히 쓰는 것 아니냐고, 그러면 이 교수가(남편) 섭섭지 않겠느냐고 걱정하는 지인(知人)이 있어서 같이 웃었다.

우리가 은발 다 되어 그리워하는 것은 내가 살아온 모든 인생이지 단 하나의 존재가 아니다. 나의 연가(戀歌)는 그 서투른 모든 것들에 대한 목마른 그리움이다.

널널한 남편과 철없는 아내가 살아가는 재미 하나 믿고 나는 오늘 행복하다.

곧 가을이 오고 겨울이 오고 그리고 나는 창문들을 닫을 것이다. 이 겨울엔 방 안에 페치카 불 붙여 두고 사랑하는 이들과 함께 만찬을 열 참이다.

발리 아디자야 호텔 발코니에 앉아서
杞憂 김연혜